AF378091

QUERIDAS HERIDAS

Silvia Marcos

QUERIDAS HERIDAS

AGUILAR

Primera edición: enero de 2026

© 2026, Silvia Marcos
© 2026, Penguin Random House Grupo Editorial, S. A. U.
Travessera de Gràcia, 47-49. 08021 Barcelona
Ilustraciones de interior: Sofía Sánchez Martín

Printed in Spain – Impreso en España

ISBN: 978-84-03-52563-4
Depósito legal: B-19563-2025

Compuesto en Mirakel Studio, S. L. U.

Impreso en Black Print CPI Ibérica, S. L.
Sant Andreu de la Barca (Barcelona)

AG 25634

*Para mi abuela Nieves,
que me sigue poniendo
el corazón blandito desde el cielo*

Índice

SEGUNDA PARTE
Heridas

TERCERA PARTE
Cuando las heridas vienen de nuestra familia

Introducción

Hola, preciosa. He dudado en usar esta palabra, «preciosa». Quizá te cause recelo… A lo mejor piensas: «¿Y qué sabes tú de si soy preciosa o no?», «¿Por qué resaltas esa cualidad?», «¡Qué superficial!»… Sin embargo, me voy a arriesgar a usarla. Haya lo que haya dentro de ti, incluso emociones o partes de tu historia que te incomoden, deseo que, mientras leas este libro, puedas mirarlas con cariño, aunque solo sea durante un ratito.

Tras ver a centenas de pacientes y supervisar a otros muchos, no he conocido ningún sistema que no funcione de forma coherente con su historia. Jamás me he encontrado con un cerebro que haya aprendido a hacer algo diferente a lo mejor que podía hacer en el momento en que se creó esa manera de funcionar: evitar, engancharse a los demás, comprobar sin cesar si lo van a abandonar… Para mí, este hecho hace que, sin importar lo que habite en tu interior, merezca mirarse con curiosidad y respeto. Desde esta forma de mirar descubrirás la belleza de tu entraña, lo que tu cerebro creó para mantenerte a salvo. Mereces que te miren con cariño.

Tus experiencias han diseñado y moldeado el funcionamiento actual de tu cerebro, y son ellas las que te convierten en un ser único. Aceptar esas estrategias y observar cómo eres con curiosidad y respeto es la única manera de permitir que evolucionen las que quieres dejar atrás. *Queridas heridas* te acompañará en el proceso de entender tu cerebro, tu cuerpo —su funcionamiento, sus procesos— y tus emociones.

En este libro encontrarás recursos para cuidar de tus heridas. Ojo, digo «cuidar», no sanar. Sanar será la consecuencia (poco) importante del proceso básico de cuidar. Cuidar empieza con una mirada curiosa hacia ti, con ganas de entenderte, de aflojar la crítica sin dejar de comprender por qué estás ahí…, y continúa por ofrecerte lo que necesitas.

Sé que guardas momentos que no deberían haber pasado jamás, quizá motivos suficientes para estar enfadada toda una vida, o a lo mejor anhelas el cariño y el apoyo que nunca llegó… Ojalá pudiéramos retroceder en el tiempo y darte lo que necesitaste en ese momento, pero no se puede. Tampoco somos capaces de resetear el cerebro de los que te acompañaron (y quizá sigan contigo). En este libro verás cómo puedes acompañarte ahora, a pesar de eso. Se trata de mirar la herida que habita en ti y aprender a cuidarla(te).

Estar bien no es estar feliz. Es tratarte con mimo, sin importar cómo te encuentres, todo el tiempo que necesites, sin prisa. Aprender que llevas esa herida que aún duele y salir de paseo teniendo en cuenta que te habita. Preparar y adaptar la caminata para esa herida. Cuidar de tu tristeza, dejar que tu enfado exista y salga, permitirte fallar y equivocarte, acariciar tu asco, pasear tu vergüenza, recoger los pensamientos obsesivos en los que te atascas, entender por qué gritas y por qué a veces eres hostil, abrazar tus miedos…

Puede que este libro mueva tus entrañas, revuelva lo más interno de tu ser. Quiero que veas estas páginas como unas manos que sostienen las tuyas y que van a estar aquí sin importar lo que se mueva. Estoy aquí, contigo, ahora. Si en algún momento de la lectura tus emociones te revuelven, recuerda que estas páginas son mis manos: te sostienen con suavidad, pero también te permiten cerrar el libro el tiempo que desees. Da igual, cuánto. Estaré aquí, de nuevo para ti, cuando estés preparada.

Ojalá encuentres respuestas a tus preguntas y te plantees otras nuevas con curiosidad. Ojalá te ayuden a conocerte, a entenderte, a mirarte con mimo, y te des permiso para sentirte como te sientas. Para serte sincera, yo también espero encontrarlo mientras escribo.

¡Bienvenida!

Nota: En este libro encontrarás ejemplos de familias y parejas heterosexuales, aunque sé que muchas son homosexuales y uniparentales. ¡Hay tantos modelos como familias! Si tu caso no es el que utilizo, espero que en estas líneas veas recogida tu historia. Está escrito más veces en masculino de lo que me gustaría, pero espero que las mujeres, con seguridad el mayor porcentaje de lectoras de este libro, os sintáis incluidas. El sistema operativo humano funciona igual en todos los casos, sin importar cuál sea tu modelo familiar o quién te atraiga.

PRIMERA PARTE

¿Cómo es tu piel?
Apego, apego, apego

1

¿Cómo funciona mi cerebro? Cerebro y emoción

Memoria y emoción

Además de controlar todo el organismo, el cerebro es una máquina maravillosa que procesa y almacena información constantemente. Sin embargo, durante el proceso de guardado, hay recuerdos que se almacenan bien y otros se quedan congelados en el tiempo.

Aunque no seas consciente, mientras caminas por la calle percibes un montón de información a través de los sentidos: ves el paisaje, escuchas a las personas de tu alrededor, sientes la temperatura fresquita, hueles la humedad del campo… También la recibes del cuerpo: sabes cómo tienes colocadas las piernas, sientes la respiración calmada o la angustia en el estómago… Además de todo eso, te vas hablando: «¡Se me ha olvidado comprar leche!», «Todo el mundo está con alguien y yo sigo sola»… Eso contando con que pasees sola, porque, si vas acompañada, la complejidad se dispara más aún.

Pues bien, toda esa información ingente llega a una u otra área especializada del cerebro, según el sentido de la que provenga. Por ejemplo, en el lóbulo occipital, la parte del cerebro más cercana a la nuca, se procesa la información visual. En las capas más sencillas de esta área, la información llega en forma de píxeles —¡sí, como los de las cámaras de fotos!— que informan de si hay luz o no. Después se dibujan bordes, luego formas… Al final, esta información viaja al hipocampo y eres capaz de dotar de significado y emoción a esas imágenes. Por ejemplo, puedes pensar: «Es mi amiga Laura, y con ella me siento a salvo».

Los sentidos en la corteza cerebral humana

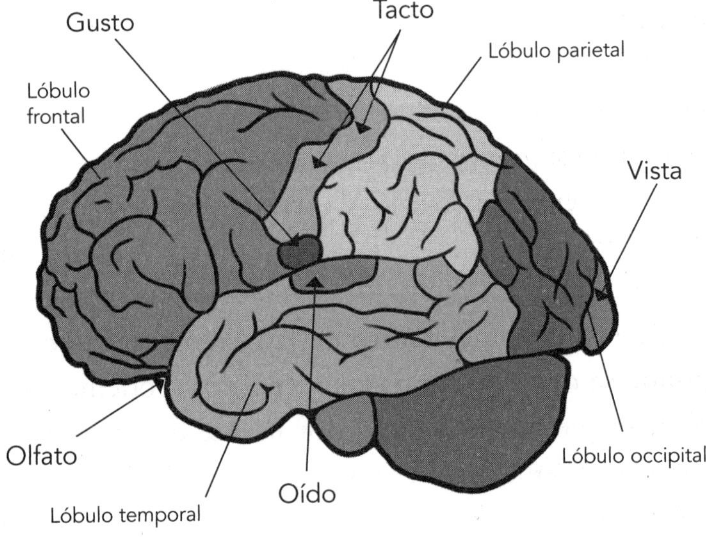

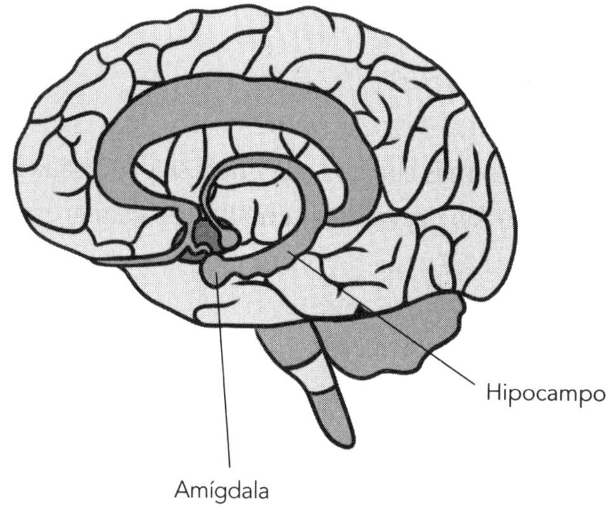

El hipocampo está situado en el lóbulo temporal, justo detrás de las orejas. Es el almacén de la memoria, como una gran biblioteca con estanterías en las que se ordenan los dosieres de todos los recuerdos. Está muy cerca del sistema límbico, el centro emocional de las memorias, por eso estas están muy relacionadas con las emociones. De hecho, la enfermedad de Alzheimer daña esta área. Desde sus primeras fases, se va quedando con forma de nuez seca, y su deterioro se asocia con la falta de memoria.

Pues bien, en el centro de la biblioteca hipocampal, donde se ordenan todos los recuerdos, podemos imaginarnos que hay una mesa por la que pasan uno a uno antes de colocarse en su lugar, es decir, en su red de memoria correspondiente. En ella, a la información sensorial

—la que entra por los sentidos, como las imágenes, los sonidos, los sabores…— se le unen otros datos: las creencias, emociones y sensaciones del cuerpo. Cuando la información está completa, el recuerdo se almacena de forma satisfactoria.

Para elaborar ese dosier y que el recuerdo se guarde, necesitamos cuatro documentos básicos:

1. La imagen: la foto del recuerdo.
2. La creencia: «¿Qué dice este recuerdo de mí?».
3. Las emociones: «¿Qué sentí en ese momento?».
4. Las sensaciones: «¿Cómo se sentía mi cuerpo en ese instante?».

El orden que utiliza el cerebro para guardar los recuerdos suele ser cronológico. Lo antiguo se queda en el interior y lo nuevo se almacena en los estantes de fuera. Sin embargo, usa otros criterios para guardar los recuerdos relacionados con el sentido que les da. Por tanto, podríamos decir que el orden también depende de la naturaleza del recuerdo.

Voy a ponerte un ejemplo. Hace años pasé por un momento muy triste: llegué a la conclusión de que el mundo era peligroso, me sentía en alerta constante y eso hacía que siempre estuviera cansada. Por ese motivo decidí pasar unos días con una amiga. Mientras caminaba por el aeropuerto, me decía: «Madre mía, si ahora mismo soy un coñazo…». Aun así, recordé la cara de aceptación con la que me mira mi amiga, la de veces que nos hemos emocionado juntas sin esperar nada a cambio. Y eso me hizo sentir que ir a verla era una buena idea. La imagen que tengo de ese recuerdo sería yo con mi maletita saliendo del aeropuerto para encontrarme con mi amiga. Mi creencia al respecto es «Da igual cómo me sienta, soy valiosa», aunque al principio pensé «Soy un coñazo». En ese momento, mis emociones eran tristeza, fatiga, angustia, miedo…, aunque también me sentí muy afortunada de tenerla. Y las sensaciones que me produjo ese pensamiento fueron fuerza en las piernas y angustia en el estómago, pero pecho henchido. Aquí tendríamos un recuerdo perfecto para meterlo en su archivo correspondiente.

Sin embargo, como te decía, hay recuerdos que el cerebro no consigue guardar en ningún estante debido a su intensidad emocional, ya que colapsan el sistema. Se quedan encima de la mesa, como congelados en el tiempo, aislados, perdidos, sin poder asociar a ellos creencias, emociones o sensaciones, y sin que podamos meterlos en ninguna red de información adaptativa, es decir, somos incapaces de guardarlos de la forma adecuada. Cuantos más recuerdos sueltos haya, más ruido, menos tranquilidad y, por lo tanto, menos salud mental tendremos.

De alguna manera, esos recuerdos nos conectan con el peligro o con nuestra falta de valía, pues tanto esas memorias —imágenes, cogniciones desadaptativas, emociones y sensaciones— como las respuestas infantiles que dimos en ese instante se enquistan en el cerebro y, cuando algo del presente los activa, lo hace con la misma intensidad emocional y nos ofrece las mismas respuestas que en aquel momento. Me refiero a los recuerdos que no queremos revivir, que preferimos hacer como si no existieran por el sufrimiento o la vergüenza que nos generan, porque no han conseguido recopilar alguno de los cuatro tipos de información necesaria para ser archivados. Quizá, cuando tu madre te humilló, no estaba permitido enfadarse, y ese recuerdo quedó cojo, o el rechazo que sentiste fue inasumible. De esa manera, queda el enfado que no pudiste expresar o el miedo a quedarte sola en un rincón, escondida, creyendo que eres incapaz de enfrentarte a esas emociones o sensaciones porque en su día nadie te lo permitió ni te acompañó mientras las sentías.

Pues bien, siempre tenemos presentes, de forma más o menos consciente, todos esos recuerdos no catalogados que permanecen en la mesa de entrada a la biblioteca hipocampal. Tu mesa es única, y se ha ido formando desde el primer trimestre del embarazo de tu madre y a lo largo de toda tu vida, así que acumula sus propios recuerdos como recortes de periódico que pululan en la superficie.

Si sientes mucha tristeza o enfado, no es porque tengas un defecto hereditario. No eres rabiosa, muy sensible o controladora porque sí. Todo lo que sientes y piensas tiene un sentido, está en tu historia de vida, en tu mesa, en tu biblioteca. Mientras luchas con un recuerdo, no te permites almacenarlo, y se queda ahí, en tu mesa del desorden, tiñendo todos los nuevos momentos de tu vida. El proceso psicoterapéutico consiste en detectar esa información no resuelta, ordenarla y preparar el dosier para guardar esos recuerdos en su sitio, ponerte en paz contigo misma y dejar espacio para el presente. En otras palabras, como se suele decir, quitarte un peso de encima.

Por hacer otra analogía, podríamos imaginarnos el cerebro como un sistema digestivo, y la información que recibimos, como la comida. Hay información ligerita y fácil de procesar; comidas pesadas que, de vez en cuando, no están mal; y también cocidos que necesitan horas de siesta para digerirlos, es decir, que nos detienen. Algunos alimentos generan intolerancias, pues el cerebro sobrerreacciona al tomarlos, y otros de los que, como ocurre con el azúcar en los diabéticos, una sobredosis puede hacer que el cerebro pierda la capacidad de procesarlos.

A través de técnicas como el EMDR —siglas de *Eye Movement Desensitization and Reprocessing*, es decir, desensibilización y reprocesamiento a través de movimientos oculares—, se ha visto que los recuerdos que no se almacenan bien pueden desencapsularse y almacenarse de manera funcional.

A continuación, te voy a hablar de algunos de esos recuerdos no catalogados a través de las frases que más me repiten en consulta, para ver si te sientes identificada.

Estoy triste, pero no tengo motivos

Experimentar emociones que no son coherentes con el momento de la vida es algo no solo natural, sino también reparador para el sistema. Si encima de la mesa de tu hipocampo tienes mucha información triste, el cerebro se pone a ordenarla cuando está tranquilo. Lo mismo sucede con el miedo y la sensación de inseguridad. Quizá ahora te sientas a salvo, pero tu cerebro sigue teniendo presente el peligro que no has resuelto ni ordenado, y serás incapaz de conectar con la seguridad del presente. Por eso, aunque estés pasando por una etapa tranquila, si has luchado mil batallas, tu cerebro las guarda y espera el momento adecuado para ordenarlas. Nada es gratis.

A lo mejor ha llegado la hora de que dejes de negar tus emociones y empieces a ordenarlas. Que ahora puedas sentirlas te ofrece la oportunidad de trabajar en ello y ser libre. Siguiendo la metáfora de la comida, es como si te hubieras zampado un plato de judiones y asado de cordero de segundo, y, a la hora de la siesta, dijeras: «Jo, no entiendo esta indigestión, si ahora no estoy comiendo…».

Salto por una tontería

Cuando conectas con el enfado, ¿te mosqueas por lo que está ocurriendo ahora o por toda la mierda que te has comido en la vida? Si te enfadas y en la mesa de la biblioteca hay cientos de recuerdos no almacenados que te conectan con la furia, amiga, la fiesta está montada.

No te enfadas por lo que pasa en el presente, sino por todo lo que te ha sucedido en la vida. Y, si no te paras a observar de dónde te viene el cabreo, puede que acabes pensando que sientes mucho. Quizá los que te rodean no lo entiendan y digan que sientes demasiado, pero tú sabes que tienes motivos para estar así. Amiga, ese enfado merece ser atendido, acompañado y regulado.

Siento mucha ansiedad

Hay personas que llegan a la edad adulta con muchas situaciones sin procesar en las que han sentido peligro en forma de rechazo o han experimentado la sensación de estar atrapadas en lugares en los que se jugaban su integridad. Su mesa hipocampal está llena de recuerdos que las conectan con la sensación de riesgo: la soledad cuando eran niñas, la mirada de juicio de las compañeras, una situación sin salida aparente, su padre acercándose a ellas, el olor al perfume de la profesora de primero…

Muchos estímulos inocuos en el presente —la soledad, una mirada, no ver la salida del supermercado o alguien que se acerca— pueden conectarse con la sensación de peligro y activar información desordenada. Por eso, cuando trato a pacientes con estos sentimientos, es muy importante que dé sentido a su historia y los ayude a aceptar sus emociones.

Estoy en una relación que no me hace feliz

A veces te detienes en un sitio que araña tus heridas, que activa la información desagradable que está sobre la mesa. Pero te quedas porque en ocasiones aviva información que has sentido muy pocas veces: «Eres valiosa, querible...». Lo haces esperando que reparen tu herida o llenar tu mesa con otros datos, sin caer en la cuenta de que esa decisión está colapsando tu mesa de la misma información previa porque la esperanza de que te quieran es más fuerte.

Ahora te pido que te des unos minutos para plantearte estas preguntas:

- ¿Qué hay en tu mesa del desorden?
- ¿Qué recuerdo intentas que desaparezca?
- ¿Qué emociones te acompañan desde hace tiempo: tristeza, vacío...?
- ¿Qué sueles acabar pensando de ti («Soy un desastre, soy una pesada, molesto...»)?
- ¿Qué imágenes puede haber por ahí, pendientes de archivar, que den sentido a estos pensamientos sobre ti?

2

Apego: me miras, luego existo

La palabra «apego» engloba muchos subconceptos. Parece que, cuanto más se habla de ella, menos claro tenemos su significado, porque, según los términos que acompañen al apego, toma matices muy diferentes. Anabel González es su libro *Entender y evaluar el apego* clasifica estas diferencias de apego como sistema, estilos, conductas, vínculos o clasificaciones de apego.

- El **sistema de apego** es un principio motivacional y conductual de carácter biológico, es decir, innato, que orienta al niño a establecer una relación afectiva con sus cuidadores (sean como sean).
- Las **conductas de apego** permiten que los niños se mantengan cerca de sus cuidadores.
- Los **vínculos de apego** son las primeras personas a las que llamas cuando estás en peligro.

- Los **estilos de apego** son los tipos que suelen aparecer en las redes sociales: evitativo, ansioso, desorganizado o seguro. Según las conductas con las que te identifiques, pertenecerás a un estilo u otro.
- Y lo más importante para mí: las **clasificaciones de apego** responden a modelos de funcionamiento interno que se crean en cada persona según la relación que establezca con sus cuidadores primarios.

Calma, calma, calma, te lo voy a explicar mejor.

Todos contamos con estructuras neurobiológicas destinadas a mantenernos cerca de nuestra figura de apego, aunque nuestro cuidador sea el mismísimo diablo. Hacerlo nos ha asegurado la supervivencia como especie. Esto es a lo que se refiere el **sistema de apego**.

Por otro lado, dependiendo del contexto en el que crezcas, tu cerebro necesitará unas herramientas u otras. Poco a poco, irás aprendiendo qué conductas te mantienen cerca de tus cuidadores. Si tienes la suerte de crecer en un ambiente seguro, tu kit se adaptará a un entorno seguro: comunicarás cómo te sientes, pedirás ayuda, cuidarás de tus sensaciones, dirás que no… En cambio, si creces en una familia con mucho caos, tu kit de conductas se adaptará a contextos de caos: aparentarás, harás ver que puedes con todo, te ocultarás, tendrás explosión de emociones, no molestarás… Cargarás con este kit toda tu vida. Así que, dependiendo de lo que vivas, el cerebro contará con un kit de conductas de autocuidado y confianza (apego seguro) o con uno de supervivencia y peligro (apego inseguro). Si tu caja de herramientas es un kit de autocuidado, ¡estupendo! Te cuidarás y cuidarás de los demás en relaciones seguras. Pero si tienes un kit de supervivencia, tu cerebro, de manera más o menos consciente, se quedará en relaciones inseguras en las que usar esas herramientas (no te quedarás por ser más tonta, sino porque tu kit te instará a tratar con personas difíciles) y tenderás a mantenerte en relaciones que te hagan sufrir porque en ellas podrás usar tus **conductas de apego**. Por suerte, aunque ahora tengas un kit de apego inseguro, puedes cuidar de tu cerebro e instalarle diferentes herramientas de autocuidado a medida que te desarrolles en la vida y mantengas nuevas relaciones. Cada relación que estableces es una nueva oportunidad de sanar tu sistema o todo lo contrario.

Los **vínculos de apego** son aquellas primeras llamadas que haces cuando recibes una mala noticia y necesitas ayuda. Quizá ya no sean tus cuidadores primarios y los hayas sustituido por una amiga, una hermana o una compañera de trabajo (las figuras de apego van cambiando a lo largo de la vida). Esto es una muy buena noticia, ya que, si no tuviste la suerte de crecer en un ambiente lo suficientemente bueno, el trauma no tendrá la última palabra. Por muy mal que te sientas ahora, si te agarras a la vida, hay figuras que pueden ofrecerte más de lo que te imaginas. Solo necesitas confiar en que existen. Aunque quizá, después de tantas traiciones, para ti la confianza sea un tema espinoso. No te agobies, te entiendo. A lo largo del libro espero ofrecerte algo de luz y una pequeña dosis de seguridad.

Los **estilos de apego** son una clasificación que se basa en un test. Sí, como aquellos de la *Super Pop* de mi época adolescente o como los que se pueden completar en las redes, tipo «Descubre tu estilo de apego: marca las frases con las que te sientas más identificada»:

- Cuando discuto con mi pareja, necesito espacio.
- Tengo que preguntarle todos los días si me quiere.
- Quiero mantener una relación, pero, cuando conozco a alguien, ya no estoy tan segura.
- Puedo perdonar y pedir perdón.
- Prefiero no compartir mis emociones.
- Me da la sensación de que soy la única que se esfuerza en las relaciones.
- Cuando discuto con mi pareja quiero hablar, pero cuando la tengo delante no me sale decirle nada.
- Me siento segura cuando estoy sola, pero también confío en los demás.
- Ante un conflicto, soy de las que prefieren no echar más leña al fuego.
- Cuando discuto con mi pareja, necesito hablarlo en el momento.
- No estoy cómoda sola, pero tampoco consigo confiar.
- Puedo expresar fácilmente cómo me siento.

Comprueba con qué estilo de apego te identificas más:

- **Apego evitativo:**
  - Cuando discuto con mi pareja, necesito espacio.
  - Prefiero no compartir mis emociones.
  - Ante un conflicto, soy de las que prefieren no echar más leña al fuego.
- **Apego ansioso:**
  - Cuando discuto con mi pareja, necesito hablarlo en el momento.
  - Tengo que preguntarle todos los días si me quiere.
  - Me da la sensación de que soy la única que se esfuerza en las relaciones.
- **Apego desorganizado:**
  - Cuando discuto con mi pareja quiero hablar, pero cuando la tengo delante no me sale decirle nada.
  - No estoy cómoda sola, pero tampoco consigo confiar.
  - Quiero mantener una relación, pero, cuando conozco a alguien, ya no estoy segura.
- **Apego seguro:**
  - Puedo perdonar y pedir perdón.
  - Me siento segura cuando estoy sola, pero también confío en los demás.
  - Puedo expresar fácilmente cómo me siento.

Claro, como te imaginarás, estos test no son muy rigurosos, ya que las personas que los contestan a veces han vivido en el caos, han aprendido tanto a disimular que llegan a desconectar de sus emociones y son incapaces de indagar y conocer su sistema cuando responden a estas preguntas.

De este desajuste entre la realidad y lo que miden los test del estilo de apego nace el último concepto, las **clasificaciones de apego**, instrumentos más profundos y profesionales que evalúan el modelo de funcionamiento interno a través del cual el cerebro se relaciona con los recuerdos. Así, el contenido de lo que cuentan los pacientes pierde importancia y lo gana el cómo lo hacen.

Más adelante profundizaré en esto, pero voy a ponerte un ejemplo para que te quede claro: no es lo mismo enfrentarse a una situación compleja con una mamá que ofrece a su hija un apego seguro que con una que brinda un apego inseguro. La primera niña habrá aprendido que puede confiar en sus capacidades y pedir ayuda, y que el mundo es un lugar seguro; por lo tanto, no le costará enfrentarse a lo que venga. Si ha tenido un apego inseguro, asumirá que es un trocito de mierda indefenso que merece que le pasen cosas malas. En un mundo peligroso, pedir ayuda le parecerá más arriesgado que disimular. Ante la misma situación, la primera niña apenas habrá tocado el peligro, mientras que la otra disimulará, aunque se esté ahogando en el fango.

En consulta puede que me cuenten el mismo suceso, pero, créeme, lo harán de formas muy distintas. Si la persona que tengo delante habla mucho, añade muchos detalles y se pierde en las emociones, quizá tenga un estilo de apego ansioso. Si resta importancia a lo que siente, simplifica, habla mucho pero no dice nada, sino que idealiza, puede que tenga un estilo de apego evitativo. Si viaja de un recuerdo a otro y pierde el hilo, a lo mejor tiene un estilo de apego desorganizado. Sin embargo, si habla bien de los recuerdos, su discurso es coherente y da importancia a las emociones sin derrapar en ellas, muy posiblemente tenga un estilo de apego seguro. La forma en que el paciente se relaciona con sus recuerdos y los narra es un reflejo fiable de su modelo operativo (de funcionamiento) interno y, por lo tanto, de su clasificación de apego.

Espero haberte aclarado algo, aunque me temo que puede que, después de todo esto, tengas aún más dudas sobre lo que es el apego. Estupendo, vamos por buen camino. El efecto Dunning-Kruger afirma: «Cuanto menos conocemos sobre un tema, más creemos saber». El test de la *Super Pop* estaba bien, pero mi intención es que, cuando acabes el libro, disfrutes de la profundidad y la belleza del apego.

Origen del apego

Todo empieza al nacer. Hacia los seis meses, el bebé muestra una preferencia clara por su cuidadora primaria. Hasta entonces no la tiene, y puede calmarlo cualquier ser humano que esté calmado. Podríamos decir que a esa edad aparece el primer vínculo de apego.

¿Por qué a los seis meses y no desde el momento del parto? Pues, verás: hace unos cuatro millones y medio de años, nuestros ancestros irguieron su postura y empezaron a caminar sobre los pies. Este hecho les ofrecía muchas ventajas para defenderse de los depredadores, pero también estrechó el canal del parto y dio lugar a un aumento considerable de las muertes perinatales. Muchos bebés y mamás perdían la vida al dar a luz, antes o después. Quizá sea la razón evolutiva por la cual los bebés no desarrollan el vínculo de apego al nacer. Podrían no mostrar una preferencia clara por la mamá hasta los seis meses para, en caso de tener que prescindir de ella, vincularse con facilidad con otras personas que garantizasen su supervivencia.

Lo básico de lo básico

Durante los primeros meses de vida, el bebé no sabe que es un ser humano independiente de mamá. Piensa que su madre y él son la misma persona. Así, existe una sincronía emocional entre ellos: mamá está nerviosa, el bebé está nervioso; mamá sonríe, el bebé sonríe; mamá está calmada, el bebé se calma. Sin embargo, hacia los nueve meses se produce una gran revolución: el niño se da cuenta de que es un ser independiente de mamá. En ese momento empiezan los primeros grandes llantos por la separación.

Esta revolución conlleva nada más y nada menos que el hecho de que el bebé se dé cuenta de que existe. Espera, espera, detén la lectura, esto es muy importante: ¡te das cuenta de que existes! ¡Existes! ¡Existo!

Para que este hito se consiga de forma satisfactoria, es fundamental que mamá pueda mirar, leer y verbalizar las emociones del bebé: «¿Te duelen los dientecitos, cariño?», «¡Huy, qué cansadita está mi niña!». Si mamá no lee ni pone en palabras la experiencia emocional del niño, su existencia quedará más o menos desdibujada.

De esta manera: «Me miran, luego existo», «Me hablan, luego existo» y «Me tocan, luego existo». Lo de «Pienso, luego existo» llega mucho más tarde. En primer lugar, sabes que existes porque tu mamá te mira. Gracias a sus ojos, te enteras de que existes para después ir aprendiendo que existes a través de la interacción con los demás. Los adultos tienen la sensación completa de existir solo si esta interacción se da de forma satisfactoria. Solo si los bebés y los niños son vistos y leídos tienen clara la experiencia de que existen, de que son un ser independiente con necesidades y preferencias. Si este hito no se resuelve en la infancia, tendrá consecuencias cuando sean mayores.

Fíjate en lo básico que es este primer hito y en los problemas que puede acarrear en las relaciones adultas. Si nadie identifica y verbaliza tus necesidades más básicas —«¿Tienes hambre?», «¿Tienes frío?», «¿Estás cansado?» o «¿Quieres mimitos?»—, no asumes que eres un ser independiente con tus propias necesidades y preferencias, de manera que acabas sin ser capaz de identificarlas o leerlas. Y mucho menos de comunicarlas. No es que sientas que no tienes derecho, es que no sabes qué necesitas ni qué quieres. Si alguna vez llegas a tener la remota sospecha de tus necesidades o de qué quieres, la autocensurarás porque, de algún modo, has aprendido que no existes.

Esto, en las relaciones adultas, te deja en un lugar muy peligroso. Continúas sin existir y te dedicas a satisfacer las únicas necesidades que identificas: las de los demás. Las personas que no han sido vistas no tienen clara su existencia; se diluyen en sus relaciones de pareja porque han aprendido a existir satisfaciendo las carencias de los demás. En suma, viven las relaciones con grandes dosis de dependencia y miedo a quedarse solas. «Si no me miran, no existo, y no existir es lo más parecido a estar muerta. Y si estoy muerta…, ¡ostras, qué miedo!». Entonces, para seguir existiendo, continúan en la relación a cualquier precio. «Cualquier cosa —discutir, que me falten al respeto, que aparezcas solo cuando te interesa…— es mejor que sentir que muero».

Llegados a este punto, pregúntate:

- ¿Existes?
- ¿Te miraron?
- ¿Atendieron tu llanto?
- ¿Crees que entendían tus emociones?
- ¿Leían lo que te pasaba?
- ¿Ponían en palabras tus emociones?

- ¿Con qué ojos te miraron?
- ¿En qué momento concreto te has sentido mirada por tu madre? ¿Y por tu padre?
- ¿Qué pasaba cuando lo hacían?
- ¿Te cuidaban?
- ¿Te atendían con mimo?
- ¿Puedes mirarte en ellos sin esconder partes de ti?
- Si piensas en tus parejas, ¿con qué ojos te miran o te miraban?
- ¿Cómo te hicieron sentir?
- ¿Cómo llevas eso de pedir ayuda?

Apego y autoestima. Así me miras, así soy. Así me miro, así asumo que me mirarán los demás

Tu identidad se va formando en los ojos que te miran. De este modo, si los primeros que te miraron en la infancia fueron amorosos, aprendiste que eres alguien querible que merece ser mirado con amor. Las adultas que fueron miradas de este modo se quedan en relaciones en las que las miran con amor.

Si los ojos que te miraron estaban siempre enfadados, aprendes que hay algo malo en ti, que eres un estorbo y que mereces que te miren de ese modo. Desde ese enfoque, eliges que te miren así. Dicho de otra manera, que lo hagan no te chirría y, por lo tanto, no pones límites, sino que te quedas en ese tipo de relaciones. Quizá tu mamá tuvo depresión posparto, la inundaban las preocupaciones y no pudo mirarte como necesitabas, o a lo mejor pertenecía a la generación que creía que era bueno que el bebé llorara, no te miraba lo suficiente y dejaba que te desgañitases «por tu bien». Por eso aprendiste que no mereces ser mirada.

Siguiendo esa lógica, tampoco tienes claro que existas, por eso en tus relaciones adultas dependes de tu pareja. La necesitas para existir. Cuando se va, tocas el vacío más absoluto, el abismo, y eso te genera un sufrimiento enorme. El existir no lo llevas puesto. Si no fuiste vista como necesitabas, quizá te hayas quedado estancada en la protesta de pedir que te vean, y que eso te mantenga en relaciones en las que puedes seguir intentando que lo hagan mientras te afianzas en el estado de protesta. Es decir, en relaciones que tampoco te hacen sentir vista, pero en las que, como ya sabemos, tu cerebro puede usar el kit de supervivencia que lleva instalado. O, incluso peor, puede que te hayas rendido, que ni siquiera busques ser vista, que lo de no existir se haya aliado con la vergüenza y te convenzan de que lo mejor es que te aísles y que no te miren, incluso a lo mejor ni siquiera protestas. Amiga, de aquí también se sale.

Resumiendo, aprendes que existes y quién eres a través de la mirada de tu figura de apego. Las primeras líneas de tu identidad están escritas por los ojos que te miran. Después, simplemente te miras como te miraron y te quedas en relaciones en las que te siguen mirando de ese modo.

Sentido de agencia. Existo y me ayudas, soy importante

Una vez que das por hecha tu existencia como ser independiente, llega el segundo hito: el sentido de agencia, es decir, la convicción de que puedes modificar la conducta de los demás.

Cuando hacemos cosas, el cerebro registra lo que ocurre. Por ejemplo, si lloro, mamá viene y me cuida —o veo que la sobrepasa mi llanto y no sabe qué hacer—; si me enfado, mamá me pregunta qué me pasa y me abraza —o se enfada porque me he enfadado—; si estoy contenta, mamá salta conmigo —o me mira con indiferencia—. Es decir, voy aprendiendo qué hacen los demás cuando me pasan cosas: si merece o no la pena pedir ayuda, si es peor el remedio que la enfermedad o si los demás pueden sostenerme y regularme. Aquí reside tu capacidad para compartir cómo te sientes y tu nivel de confianza en que te puedan ayudar. En una familia suficientemente buena, pedir ayuda y compartir tus estados emocionales mejora tu situación de origen. Si no fue así, el problema no estaba en tus emociones ni en tus necesidades, sino en que tu familia no podía sostenerte.

Da igual lo buena que fuera tu familia para dar respuesta a tus necesidades; tu cerebro buscó y rebuscó la manera en que ellos respondieran a tu conducta y sintieras que podías modificar la suya. En el mejor de los casos, una mirada triste o contenta servía para que mamá se acercara a ti, se interesara por tu emoción, fuera cual fuera, y la compartiera contigo, aceptándola(te) tal como es(eres). Pero en otras ocasiones aprendiste que, para que mamá te hiciera caso o no te humillara, solo tenías que dejar de molestar y ser buenísima; ese es el rol que has cogido y con el que tratas de obtener el beneplácito de los demás, convirtiéndote en una niña buena que no se queja. Quizá te diste cuenta de que mamá solo te hacía caso para corregirte, que en tu familia no había espacio para el juego, y aprendiste a saltarte los límites para llamar su atención, convirtiéndote en una rebelde. Puede que, para sentirte presente, tuvieras que encargarte de los problemas de los adultos y, de ese modo, te convirtieras en una solucionadora de problemas nata. O quizá llegaste a la conclusión de que tenías que estar malita para que tus padres te miraran y te hicieran sentir importante; así empezaron las autolesiones o tu cuerpo comenzó a somatizar para que, aunque fuera en un hospital, te acompañasen. En definitiva, te convertiste en lo que hizo falta para poseer ese sentido de agencia de tus padres.

Respecto a la confianza en que te ayuden, podemos diferenciar entre cuidados físicos y emocionales. Hay cuidadores que pueden hacerse cargo de las necesidades físicas de sus hijos, pero negligen en las emocionales. Los hijos de padres emocionalmente negligentes pueden tener una apariencia de lo más normal y cosechar grandes éxitos en la vida adulta, pero en su pecho habita un gran vacío que solo puede llenarse con cuidados emocionales. La identificación y el cuidado de este vacío pueden ser muy complejos, ya que, en su kit, estas personas cuentan con muchas herramientas para defenderlo: «Eso de las emociones son chorradas, yo tuve una infancia muy feliz. Trabajar, trabajar...».

Ahora pregúntate:

- ¿Qué tuviste que hacer para que tus padres te prestasen atención?
- ¿Y para sentirte importante?
- ¿Cuidaron de tus necesidades físicas?
- ¿Y de las emocionales?
- ¿Qué hacía tu cuidadora principal cuando estabas triste?
- ¿Daba importancia a tus sentimientos?
- ¿Hablabais sobre ello?
- ¿Y cuando estabas enfadada?
- ¿Qué pasaba si te hacías una herida, te curaba?
- ¿Te echaba la bronca porque eras muy patosa y encima te habías roto el pantalón?
- ¿Se asustaba muchísimo y tenías más miedo?

Solo si tus necesidades físicas han sido cuidadas confiarás en que ahora puedan serlo y pedirás ayuda cuando lo necesites. Solo si tus necesidades emocionales han sido cuidadas, confiarás en que ahora puedan serlo y pedirás ayuda cuando lo necesites. Si una de las dos no fue cubierta tal y como tú necesitabas, tu modelo de funcionamiento interno habrá tomado uno de estos dos caminos:

1. «No pido nunca porque no obtendré lo que necesito. Si me pasa algo, me aíslo del mundo y hago como si no me pasara nada»: estilo de apego evitativo.

2. «Pido antes de que me falte porque no estoy segura de que mi necesidad sea cubierta, así que me anticipo. Estoy muy alerta»: estilo de apego ansioso.

Existo, luego me relaciono con el mundo

En los apartados anteriores hemos visto de qué manera se crea este modelo operativo interno según cómo se relaciona con nosotros nuestra figura de apego, y cómo, a través de ello, nos vamos mirando como nos miraron y se forma la identidad.

En la primera etapa de la vida, cuando somos bebés, las relaciones de apego son jerárquicas: necesitamos al cuidador, precisamos sus cuidados, y nuestra supervivencia depende de que nos mantengamos unidos a ese vínculo. Sin embargo, a medida que vamos creciendo, las relaciones de apego se establecen entre iguales, primero en el colegio; ya no necesitamos quedarnos en las relaciones, es una elección consciente. Si nuestro estilo de apego es seguro, las relaciones serán entre iguales también en el mundo emocional. Sin embargo, si es inseguro, seguiremos relacionándonos desde la dependencia emocional, desde la codependencia («Estoy aquí para solucionarte los problemas») o desde la evitación. Si no conseguimos relacionarnos desde la igualdad, creeremos que necesitamos a nuestra pareja para existir, y nos costará mucho marcar límites. Todo ello tiene como resultado que nos quedaremos en relaciones que atenten contra nuestra autoestima o nos pongan en riesgo, sin contemplar la opción de salir de ellas porque sentiremos que necesitamos a nuestra pareja para sobrevivir, igual que el bebé necesita a su mamá.

Cada experiencia relacional va quedando registrada en el cerebro e influye en cómo vemos las relaciones y miramos el mundo. Si partimos de experiencias suficientemente buenas, veremos a las personas como fuente de confianza y posibilidad de ayuda. El mundo será un lugar seguro para explorar. Sin embargo, si hemos crecido en un entorno en el que hemos tenido que sacarnos las castañas del fuego, hacernos daño para recibir un poco de atención, callarnos para que no nos riñan y cuidar más de nuestro dolor cuando lo escondíamos que cuando en realidad lo cuidábamos, nuestra forma de mirar el mundo y a los demás será muy distinta.

Pregúntate:

- ¿El mundo es un lugar seguro?
- ¿Crees que podrás con los problemas que lleguen?
- ¿Son las relaciones espacios en los que abrirte y relajarte?
- ¿Participas en grupos?

- Cuando hablas con alguien, ¿piensas que te va a criticar?
- ¿Qué se activa en ti cuando te sientas a comer?
- ¿Cómo llevas lo de probar cosas nuevas o viajar a lugares desconocidos?

3

Estilos de apego

Existen dos experimentos clave en la investigación del apego: los experimentos con monos de Harry Harlow (1958) y la situación extraña de Mary Ainsworth (1969). Si haces cuentas, verás que tienen unos sesenta y cinco años, por lo que podríamos decir que están a punto de jubilarse. Sin embargo, por cuestiones éticas, en la actualidad no pueden diseñarse experimentos tan visuales y concluyentes como estos, de manera que hasta hoy son los más útiles. De hecho, estas dos referencias guiaron años más tarde a John Bowlby para desarrollar su famosa teoría del apego.

Experimentos con monos: el apego como sistema neurobiológico

El psicólogo Harry Harlow se dio cuenta de que los monos del laboratorio criados en jaulas separados de sus madres protestaban cuando les quitaban de allí su trozo de tela o empapador, de modo que empezó a cuestionarse la importancia que este tenía para ellos, y se le ocurrió diseñar un experimento: crio en jaulas a monos recién nacidos, y en cada una puso dos «mamás», una de alambre con un biberón en el que siempre había comida y otra recubierta con un trapito suave. Observó que los monitos solo se acercaban a la mamá de alambre para alimentarse, mientras que el resto del tiempo se quedaban con la de felpa. Por tanto, le otorgaban el papel prioritario —cubría sus necesidades emocionales y les ofrecía el calor de un abrazo— y dejaban en un segundo lugar a la mamá de alambre, que cubría sus necesidades físicas básicas, la alimentación.

Ante tal hallazgo que ponía en jaque estas necesidades, Harlow quiso comprobar qué nivel de seguridad aportaba la mamá de felpa a la cría, y para ello introdujo en la jaula un muñeco horrible, con dientes grandes, que daba miedo. Los monos corrían hasta la mamá afelpada y, una vez a su lado, se atrevían a hacer muecas al monstruo a modo de defensa. De la misma manera, metieron el muñeco en la jaula de un monito que se había criado sin mamá de felpa y observaron su reacción: se replegaba sobre sí mismo y quedaba indefenso ante el peligro, sin capacidad de defenderse.

Así quedó justificada la importancia de crecer con un contacto cálido y de atención a las necesidades emocionales por encima de las físicas. Confirmó que el vínculo cariñoso es una base sólida para defendernos ante el peligro, y que el amor y la seguridad se establecen desde el contacto, no desde la supervivencia física (la alimentación).

Este experimento demuestra la existencia del sistema de apego como sistema biológico: contamos con estructuras neurológicas que nos predisponen a vincularnos a un retal de tela, si es necesario, con el objeto de sentir una base segura desde la que explorar el mundo. Además, evidencia que las necesidades básicas no solo son físicas, sino también emocionales. En YouTube podéis ver un vídeo donde aparecen imágenes del experimento.

Por desgracia, podemos hacer un paralelismo entre el experimento de Harlow y el que se realizó en la década de los noventa con unos niños institucionalizados en Rumanía, los conocidos como «huérfanos de Ceausescu». Vivían hacinados, malnutridos, desnudos para facilitar la higiene, alimentados por una cánula, con ausencia absoluta de vínculos humanos, muchos de ellos enfermos… El científico estadounidense Nathan Fox dijo que en esos orfanatos había un absoluto silencio. ¿Te imaginas un edificio lleno de niños en absoluto silencio, sin llantos ni gritos ni risas…? Habían aprendido que, hicieran lo que hicieran, nadie iba a acudir a prestarles atención y cuidados, y sabían que lo único que podían hacer era replegarse. La experiencia completa del ser no tiene que ver con cubrir las necesidades físicas básicas para seguir vivo. Respecto a las circunstancias en las que sobrevivieron, puedes ver un documental muy conmovedor en RTVE.

La situación extraña: los estilos de apego

Ainsworth definió el término «apego» como el vínculo que nos ofrece una base de seguridad para salir a explorar el mundo y un refugio ante las circunstancias estresantes del ambiente. Sería como los brazos de una mamá que abrazan nuestro ser lo bastante fuerte, pero no ahogan; nos dan espacio para salir a explorar y están listos para acogernos de nuevo cuando volvamos, ya lleguemos con éxito, fracaso, pena o alegría.

Con el objetivo de conocer los estilos de apego, diseñó un experimento compuesto por diferentes fases del que derivaron los cuatro que conocemos en la actualidad: seguro y tres estilos de apego inseguro: inseguro ansioso (también llamado ambivalente o resistente), inseguro evitativo e inseguro desorganizado.

Seguro	
Inseguro	ansioso (ambivalente, resistente), evitativo (distanciante), desorganizado.

En él observaron la conducta de cien niños de entre doce y dieciocho meses mientras jugaban con su cuidador principal, y cómo reaccionaban ante la separación del cuidador, ante un extraño y ante el reencuentro con el cuidador. Pero miremos en detalle el diseño del experimento:

Fase 1. El experimentador entra en la sala con la madre y el bebé, y le enseña los juguetes.

Fase 2. El bebé los explora sin la participación de la mamá.

Fase 3. Un extraño entra en la habitación.

Fase 4. La mamá sale y el extraño se acerca al bebé.

Fase 5. La mamá regresa y el extraño se va.

Fase 6. La mamá se va y deja solo al bebé.

Fase 7. Vuelve el extraño.

Fase 8. Vuelve la madre y el extraño se va.

Puedes encontrar un vídeo en YouTube donde se observa el desarrollo del experimento.

Las conductas, dependiendo del estilo de apego, son las siguientes:

1. Los niños con **apego seguro** juegan con mamá y con los juguetes. Es decir, ella es fuente de seguridad desde la que explorar. Ante la separación, los niños lloran, pero el reencuentro con su mamá los ayuda a calmarse y pueden seguir jugando. Es decir, muestran sus emociones con ella y se benefician del contacto físico para regularlas.

En los niños con **apego inseguro**, cuando mamá se va de la habitación, no se observa ni la búsqueda de mamá, ni la vuelta al juego, ni la regulación de las emociones. Es decir, ante las adversidades se quedan paralizados, dejan de explorar y no piden ayuda.

2. Los niños con **apego inseguro evitativo** no lloran cuando mamá se va, pero tampoco juegan. Se quedan quietos, como si desconectaran de sus emociones, aunque como veremos nada tiene que ver con esto. Cuando vuelve, no se alegran ni se acercan, siguen inmóviles. En algunos casos incluso la rechazan o se mueven en dirección contraria.

3. En los niños con **apego inseguro ansioso** (ambivalente o resistente) se desencadena una respuesta de llanto cuando mamá se va y no vuelve a jugar con ellos. Sus emociones se desbordan y no les permiten jugar. En el reencuentro, buscan a mamá, pero no se calman, es decir, no son capaces de aprovechar el contacto para regular sus emociones y volver a explorar. Este hecho nos habla de una inconsistencia en los cuidados de la madre: unas veces mamá está, otras no. De esta manera, los niños se abrazan a ella, pero saben que volverá a irse, que esos cuidados no están siempre cuando los necesitan, de modo que se quedan enganchados al miedo de que se vaya otra vez y no pueden regular sus emociones. Viven con una sensación de inseguridad que les impide volver a jugar. (¿Conoces a alguna mujer que sepa que está con un

cucaracho, pero le dé miedo salir a jugar? No hablo de cucarachos ni de jugar).

4. Los niños con **apego desorganizado** muestran conductas contradictorias o desorganizadas. Siguen jugando, lloran sin consuelo y se desconectan... Cuando mamá vuelve, pueden correr hacia ella, pero luego se detienen y se tiran al suelo. Tienen conductas extremas de ambos patrones de apego inseguro, lo que muestra una grave inconsistencia y un desorden en los cuidados que provocan en ellos un comportamiento caótico. No saben qué tienen que hacer ni qué pueden esperar.

En un primer momento se pensó que el estilo evitativo era el más ventajoso. De alguna manera, la ausencia de llanto se relacionaba con la fortaleza de los niños. Sin embargo, pronto los investigadores se dieron cuenta de que el hecho de que no expresaran sus emociones no implicaba que no las tuvieran, sino que habían aprendido que no servía de nada mostrarlas, porque mamá no los ayudaba a regularlas. ¿Te imaginas la soledad y la angustia de un niño de doce meses ante esta situación? «Estoy solito y nadie puede ayudarme con lo que siento». Por lo tanto, los niños con apego evitativo sienten angustia (comprobado después con pruebas biométricas), pero no la expresan porque saben que nadie los ayudará. No mostrar las emociones no nos libra de sentirlas. Cuando se regulan, caminan por un río, se transforman; en cambio, las que no se regulan se quedan estancadas en el cuerpo para siempre. Así, con este patrón de funcionamiento, nos encontramos con niños que sienten mucho, pero no buscan hablar ni tampoco un abrazo. No han tenido experiencias de regulación y concluyen que no sirven de nada.

Estilos de apego y relaciones en la vida adulta

Siguiendo la definición de Ainsworth, los niños con apego seguro ven en su mamá una figura desde la que explorar y a la que volver, saben que siempre está ahí para ellos. En cambio, los que tienen un estilo de apego inseguro aprenden que no siempre está: «Mamá volverá a irse, estoy en peligro» (apego inseguro ansioso); «Nadie puede ayudarme, no atenderán las "tonterías" que me pasan» (apego inseguro evitativo).

Si trasladamos este experimento al mundo de las relaciones adultas e interpretamos la separación de la madre como un conflicto de pareja, observaremos un gran paralelismo. Las personas con un estilo de **apego seguro** identifican sus emociones, reflexionan sobre ellas y las comparten. Son capaces de diferenciar las emociones de los pensamientos de la realidad, y comprenden que los demás pueden pensar y sentir de otro modo. Muestran curiosidad, y no se sienten amenazadas por otros puntos de vista, lo que facilita la tarea de escuchar y comprender a la pareja. Entienden el conflicto como una ruptura del vínculo transitoria y reparable; así, tras un desacuerdo, pueden expresarse desde la consciencia, escuchar, regular las emociones y trazar puentes, igual que veíamos en el experimento que, tras la separación, el niño se calma con el contacto de la madre y puede volver a jugar seguro. Además, estas personas sienten que pueden enfrentarse a una ruptura y volver a explorar.

Las que tienen un estilo de **apego inseguro evitativo** tienden a aislarse ante un conflicto. Para no caminar en su mundo emocional —porque, como nadie les ha dado la mano para pasear por ahí, no saben hacerlo—, toman una de estas dos vías:

1. Ven el conflicto como tonterías sin importancia.
2. Lo asumen como algo que ha ocurrido y que no tiene solución.

Aunque estas opciones parezcan contradictorias —«No lo hablamos», «Esto es lo que hay» o «Soy así. Si no te gusta, lo dejamos»—, tienen un objetivo común: no tocar su mundo emocional. Así, las parejas en las que impera este estilo de apego conversan poco e intercalan periodos de ultimátums e idealizaciones. Nada tiene la suficiente importancia como para hablarse, pero arrastran grandes dosis de angustia. No confían en que el otro vea sus emociones y argumentos con respeto, es como si se hubieran rendido. Como les sucede a los niños del experimento que muestran este estilo de apego, no pretenden que sus emociones sean reguladas por el cuidador primario (o por su pareja), ni siquiera se esfuerzan en mostrarlas, porque no saben. Sienten angustia ante la soledad y, como no han aprendido a poner sus emociones en palabras —darles sentido, compartirlas, sentirse vistos en un ambiente seguro y de respeto—, pueden recurrir a adicciones para paliarlas.

Las personas con un estilo de **apego inseguro ansioso** sienten un estallido emocional ante el conflicto. No pueden quedarse solas, y persiguen a la otra persona para que las calme, igual que el niño se queda en la puerta llorando mientras espera que vuelva su mamá. Sin embargo, no pueden aprovechar los momentos de reparación: nada les parecerá suficiente para regular sus emociones. La desconfianza enquistada que proviene de los momentos de abandono e inconsistencia de cuidados y la idea de que tarde o temprano las abandonarán no dará tregua a su sistema de alerta. Viven las relaciones con grandes dosis de ansiedad, e implican al otro para que las regule. No suelen plantearse lo que les ocurre ni sus emociones. Permanecen en un constante estado de protesta y viven las relaciones con dependencia emocional.

Las personas con un estilo de **apego inseguro desorganizado** tendrán conductas muy distintas ante un conflicto. Oscilan entre las de rendición y pasivas a otras mucho más activas, incluso intimidatorias: o se muestran tremendamente vulnerables y dañados o fuertes y agresivos. Puede que vayan del «No me importa nada» a enfadarse por todo lo que les ha ocurrido en la vida. Sus estados cambian y fluctúan sin un patrón que pueda guiarlos. Es como si probaran estrategias extremas de los estilos de apego inseguros evitativo y ansioso sin resultado.

Conductas de apego: cómo tengo que ser para mantener el vínculo

Las conductas de apego se refieren al kit de herramientas para recibir atención del que hablábamos en el segundo capítulo. Por supuesto, una experiencia aislada no se convierte en una herramienta; son muchas parecidas las que la generan. Y cuando digo «herramienta» no me refiero a que necesariamente sea útil (solo lo será si la persona a la que demandamos afecto es funcional), sino a que es una fórmula que se repite una y otra vez porque tenemos grabado a fuego que es eficaz.

A continuación, te voy a poner como ejemplo dos de esas herramientas que se activan en el presente pero fueron creadas para resolver situaciones pasadas: «Te persigo para que me consueles, porque en algún momento lo harás» y «Si me aíslo, no pasa nada».

Apego inseguro ansioso: cómo aprendió Ainhoa
a salir corriendo detrás de su pareja después de cada
discusión

Cuando le pido a Ainhoa que me explique qué ocurre cuando discute con Miguel, me dice:

—Uf, Silvia, se montan unas peloteras enormes, lo paso fatal. Empezamos a discutir por cualquier tontería y la conversación va subiendo de tono hasta que él se va.

—¿Y qué ocurre entonces? —le pregunto.

No contesta enseguida.

—Me da vergüenza contarte esto, pero allá voy. Literalmente, salgo corriendo detrás de él, intento detenerlo. He salido de casa en pijama, hemos discutido en el portal e incluso he conseguido pararlo antes de que se suba al coche.

—¿Por qué te da vergüenza contármelo?

—Porque no quiero perseguirle. Después de cada discusión, me prometo que no volveré a hacerlo. Sin embargo, cuando nos enzarzamos de nuevo, la historia se repite y termino corriendo detrás de él como una loca.

—Ya, ¿y qué pasa cuando consigues reunirte con él?

—Pues nada, que pierdo los papeles: lloro como una desesperada, me disculpo y le ruego que se quede, que no se vaya. Es como si… como si lo necesitara para encontrar la calma. Y estoy dispuesta a ceder en lo que sea con tal de que vuelva a casa conmigo.

Ainhoa se queda en silencio unos segundos, procesando lo que acaba de poner en palabras. Le doy tiempo y, cuando siento que estamos preparadas, le lanzo la siguiente pregunta:

—¿Puedes recuperar una discusión en concreto?

—Hay tantas… La de la cebolla, la de la comida en casa de su madre, la de cuando nos pusimos a limpiar el garaje, la de cuando quedamos con su amigo para jugar al pádel, la del probador de Zara… —La retahíla continúa.

Ainhoa, como todas las mujeres que tienen apego ansioso, necesita ponerme muchos ejemplos. Así intentan asegurarse de que veré su dolor, ese que tantas veces no fue (no es) visto debido a la inconsistencia de los cuidados recibidos en la infancia. Me cuenta mucho porque no sabe en qué momento la voy a escuchar. Lo hago sin prisa y asiento. Quiero transmitir que puedo ver el sufrimiento que le han generado esas situaciones. El hecho de escuchar a alguien con interés y calma es reparador, más aún para las personas con apego ansioso, a las que no siempre las han escuchado de este modo.

A medida que el proceso avance, Ainhoa elegirá a personas que la escuchen así, que es como merecemos ser escuchadas, y entenderá que relacionarse con quienes te escuchan bien es otra forma de quererse. El vínculo psicóloga-paciente es reparador. El apego se sana con apego.

Ainhoa escoge una de las discusiones y continuamos.

—Ahora que hemos elegido una, quiero que cierres los ojos, visualices la película de la discusión y te detengas en el momento que más dolor te provoque.

Ainhoa cierra los ojos. Su respiración se acelera, aprieta los labios, asiente con la cabeza y rompe a llorar.

—Es cuando se va. Cuando vuelvo a mi habitación y me doy cuenta de que estoy sola, que se ha ido y que no va a volver, que nuestra relación se ha terminado.

—Cuando piensas en esa imagen, ¿qué notas en el cuerpo?

—No sé… un nudo en la garganta y un vacío en el pecho.

—Quiero que vuelvas a cerrar los ojos y, notando esta sensación, cojas el tren de tu vida y vayas para atrás, muy atrás en el tiempo. No busques nada concreto, no hace falta que los recuerdos se parezcan. Solo pretendo que te quedes en el primer recuerdo de tu vida en que la notaste. No hace falta que hagas nada, tu cerebro ya está realizando conexiones espontáneas.

—Ya lo tengo.

Le pido a Ainhoa que abra los ojos, me diga qué edad tiene en ese recuerdo y que me explique qué ocurrió.

—Estoy en el supermercado, en el pasillo de los yogures. Debo de tener unos cinco años. Estoy segura de que es sábado. Mi familia siempre tenía el mismo plan los sábados: hacer la compra semanal en una gran superficie. Iba con mi padre, pero, de repente, miro a los lados y no está. Estoy sola, ¡estoy sola! ¡Tengo cinco años y me he perdido! Me asusto muchísimo, rompo a llorar y corro por el pasillo. Se me enrojecen los mofletes y cada vez lloro más fuerte. De pronto, veo aparecer a mi padre entre las estanterías. Se ríe.

Era una broma. Vamos, a decir verdad, es su broma estrella. Me la ha hecho tantas veces… Después me siento ridícula y boba: he vuelto a caer, me ha vuelto a asustar.

Veo que Ainhoa narra el recuerdo unas veces en pasado y otras en presente, una de las señales que nos indican que los recuerdos no están bien almacenados en la biblioteca hipocampal y que hay fragmentos en la mesa del desorden: se narran con más dosis de presente que de pasado. Es decir, somos capaces de ver que sucedió en el pasado, pero las emociones y las sensaciones siguen inundándonos en el presente.

Sin duda, el cerebro de Ainhoa ha encontrado el momento en que aprendió a salir corriendo detrás de Miguel: cuando era una niña de cinco años, se descubría sola en el súper y, obviamente, sentía miedo. Ese miedo era coherente con la situación que vivía. Que una niña perdida busque a la desesperada a su progenitor es una respuesta adaptativa que garantiza su supervivencia. Que cuando lo encuentre y vea que se ríe no le ponga límites ni le diga «Oye, papi, no deberías esconderte porque me asusto» entra dentro de lo que aún no puede permitirse hacer. Una niña de cinco años tiene que quedarse al lado de su padre. Además, que él se riera al verla llorar ridiculiza su respuesta emocional, desconexión que alimenta la creencia de «Nadie puede entenderme» y «Mis emociones son ridículas, objeto de mofa». Este hecho hace que Ainhoa haya aprendido que debe aplastar y disimular sus emociones para ser respetada y querida.

Ahora esa niña que sigue viviendo dentro de esta mujer activa el mismo miedo cuando se ve sola en la habitación y, por eso, no puede evitar salir corriendo detrás de Miguel. Además, cuando lo encuentra, no es capaz de expresar lo que siente ni de poner límites. Lo que sea que haya ocurrido en la discusión pasa a un segundo plano, porque solo necesita comprobar que ya no está sola y calmar su miedo. En suma, se siente ridícula por llorar y estar asustada, y cree que tiene que esconder sus emociones porque, si se muestra tal y como es, Miguel la dejará de querer. Cada vez que esto ocurre, se siente más pequeña y, por este motivo, crece el miedo a quedarse sola y es más dependiente de su pareja a nivel emocional. Siente que lo necesita para regular sus emociones.

En suma, como se encuentre con una pareja que no esté dispuesta a escucharla ni a entenderla, subrayará todas esas creencias desadaptativas y, poco a poco, irá dinamitando su autoestima, lo que hará que salir de una relación que ridiculiza sus emociones sea misión imposible. Además, como es lo que siempre ha recibido, pensará que el problema lo tiene ella, y la vergüenza que esto le generará no le permitirá compartir la situación con sus amigas o con alguien que pueda estructurar y validar sus emociones.

Apego evitativo: cómo Luis aprendió a salir corriendo cuando discute con su pareja

Luis llega a terapia y me cuenta que su pareja se enfada mucho con él y que no sabe por qué. Cuando le pregunto sobre los motivos me dice que, como no puede contarle sus cosas porque se enfada, le oculta información. Le pido que baje al ejemplo concreto, lo cual es todo un reto para los apegos evitativos.

Las personas con apego evitativo o bien hablan poco —«Todo bien; sí; no; el finde, lo normal; no sé, Silvia, lo de siempre; tuve una infancia feliz, unos padres normales...»— o hablan mucho pero no dicen nada —«Las personas son como son; ya sabes, a veces bien y a veces mal; bueno, lo normal; así es la vida, ya no me sorprende nada; hay que tirar para adelante, ¿no?; no tiene sentido estar siempre con lo mismo; aquí, el que vale, vale, y el que no, no; aprovecho los buenos ratos y listo; eso, eso es lo importante»—. En ambos casos me da la sensación de que tengo que sobreentender mucho de lo que dicen para seguir el hilo de la conversación.

Este es el estilo de apego que más me cuesta trabajar en consulta. Tengo que mantener el equilibrio entre entender a mis pacientes y no poner encima de la mesa cosas para las que aún no están preparados. Con toda seguridad, han tenido que sobrevivir a más soledad emocional de la que les gustaría. No han contado con la oportunidad de expresar sus emociones ni de sentir que los tienen en cuenta. Por eso he de empezar a resonar emocionalmente con ellos, aplaudirlos cuando me cuentan un logro, poner cara de «¡Qué fastidio!» cuando comentan que les han hecho una faena... Tengo que enseñarles a sentir. Es como ser la mamá que ponía cara de sorpresa, sonreía y decía: «¡Me encanta tu dibujo!», «¿Estás triste, mi amor?», «Ven aquí, que te abrazo»…, que no tuvieron.

Pero, ¡ojo!, no puedo ir más rápido que ellos ni hacer que se sientan arrastrados, aunque las sesiones sean productivas. En definitiva, es todo un reto.

—¿Qué ha pasado con tu pareja esta vez?

—Pues lo de siempre.

—¿Lo de siempre?

—Sí, lo de siempre: estamos en la cocina, ella es más rápida y ya sabes…

—Cuéntame la historia completa, por favor.

—Pues que me quita el cuchillo y me quedo sin nada que hacer.

—¿Y entonces?

—Pues solo miro, no hago nada.

En un primer momento, mi objetivo es pintar de emoción sus escasas palabras.

—Debe de ser horrible que tu pareja esté haciendo cosas para los dos y que tú no puedas aportar, ¿no?

Quiero que entienda que puede observar que todo lo que tiene y tuvo que ocultar en su infancia, sus emociones, aquí tienen un hueco.

—¿Y qué pasa entonces?

—Que grito y discutimos.

Como veis, Luis es simplemente de los que habla poco.

Le pido que se pase a cámara lenta la película de lo ocurrido y que me cuente cuál es el peor momento. Hace ya unos meses que trabajo con él, y ahora esta tarea es más o menos sencilla, aunque al principio del proceso me hubiera mirado con cara de «¿Qué narices dices?». Pero estamos en otro punto y me contesta:

—Cuando me quita el cuchillo.

—Ajá. ¿Cómo se mueve tu cuerpo?

—Siento rabia.

Le pregunto sobre lo que cree de él y me acaba diciendo: «Que soy un inútil».

—¿Dónde sientes la rabia?

—En el pecho y la garganta.

Como en el caso de Ainhoa, le digo que se monte en el tren de su vida y vaya hasta la primera vez que se sintió así.

—Pues cuando me pegaba con mi hermano de pequeño. Siempre venía a molestarme y yo me defendía como podía, era más pequeño que él.

—Ajá...

—Una vez mis padres me pillaron pegándole. Yo solo me estaba defendiendo, él me había pegado antes, pero me pillaron dándole, me echaron una buena bronca y mi hermano, mientras tanto, me hacía muecas. Lloré, y él se reía de mí. Después nos obligaban a pedirnos perdón y nos castigaban a cada uno en nuestra habitación. Pero yo sabía que mi hermano, por dentro, no lo sentía en absoluto.

Luis no solo aprendió que no podía defenderse, sino también que las personas que debían protegerlo no lo hacían y que encima le echaban la culpa (otro de los grandes melones de su proceso). Veía el mundo como un lugar injusto e inseguro. Además, el espacio para que él contase lo sucedido no existió, de modo que aprendió a censurar lo que le ocurría. En suma, asumió que sus emociones de tristeza, culpa, enfado y miedo por el rechazo de sus padres eran motivo de burla para su hermano, por lo cual era mejor que, se sintiese como se sintiese, no se le notase. Y como guinda del pastel interiorizó que el perdón no sirve de nada, que no repara lo ocurrido. Es algo que se dice para que termine el conflicto, pero no lo arregla.

Supongo que ya vas entendiendo por qué Luis no habla mucho ni expresa sus emociones a no ser que rebosen. Y, ojo, con esto no quiero decir que los hermanos no discutan o que los padres siempre tengan que actuar a la perfección. Lo importante en los conflictos es que haya una buena reparación, clave para crear apegos seguros. Un vínculo seguro no es el perfecto, es el que repara. Lo de «Ahora un besito y nos perdonamos» no resuelve las emociones que hay debajo. El aprendizaje subyacente al besito es que no puedes hacer nada con lo que sientes. Una buena reparación conlleva entender lo que ha ocurrido en la ruptura: el arrepentimiento de lo que he hecho mal, entender cómo se ha sentido el otro y cómo me he sentido yo. Y, desde aquí, ver qué necesito para reparar mis emociones: un poco de tiempo, un abrazo, una promesa…

Y tú, ante las rupturas o las traiciones, ¿ves un abismo insalvable o las consideras situaciones que se pueden reparar? Como ya he dicho, los vínculos no son perfectos, se rompen, pero una buena reparación indica el nivel de seguridad de los vínculos.

El apego es como el suelo, es como tu piel

El psicoanalista John Bowlby sentó las bases del apego entre los años 1969 y 1980, utilizaba la metáfora del suelo firme o base segura para referirse al apego seguro. A un suelo firme puedes lanzarle piedras y estas quedan encima de él. Si una piedra es fuerte, producirá un rasguño, pero el suelo quedará intacto. Por su parte, los apegos inseguros son suelos fangosos, terrosos. Si les cae una piedra, deformará la superficie y, en el peor de los casos, se incrustará en él y empezará a formar parte de sus componentes. Así, si te llaman «tonta», acabas creyendo que eres tonta o, si te roban una vez, se deforma tanto tu suelo que acabas creyendo que el mundo es peligroso y que no estás a salvo.

No es lo mismo tener un accidente o vivir una relación tóxica con un apego seguro (suelo firme) que con un apego inseguro (suelo blando y terroso), del mismo modo que no es lo mismo subir un puerto de montaña con una bicicleta último modelo que con la BH de tu abuelo. El puerto es duro siempre, pero no es lo mismo contar con un kit de recursos que llevar una mochila que lastra.

También podríamos decir que el apego es la calidad de nuestra piel: los apegos seguros la mantienen hidratada y sana, mientras que la piel de los inseguros es quebradiza. Los evitativos tienen una piel seca que nunca ha recibido crema ni cuidados y que se quiebra con rapidez. Los ansiosos la tienen hiperreactiva y con dermatitis provocada por ducharse cinco veces al día. Los ambivalentes son los que tienen las manos agrietadas por el gel hidroalcohólico que usábamos durante el COVID y el pos-COVID. Lo que nos ponía a salvo nos dejaba la piel hecha polvo.

¿Cómo es tu piel? Espero que, a través de la lectura de este libro, puedas hacer un diagnóstico, ver lo que le estás ofreciendo e introducir hábitos que cuiden de tus heridas.

4

Apego y regulación emocional

Antes de empezar, busca en Google «Bebé elefante da sus primeros pasos | El Dodo». Verás un vídeo de una mamá elefante guía con paciencia a su cría hasta que da sus primeros pasos. Estas son las interacciones de apego iniciales del pequeño, las primeras necesidades que esa mamá ha cubierto de forma satisfactoria. El elefantito ha encontrado la seguridad de ser acompañado, la confianza en los demás de que lo ayudarán, y en sí mismo, pues sabe que podrá enfrentarse a los problemas que vengan.

Si hemos llegado a esas conclusiones, crecimos con relaciones de apego seguro. En cambio, si nos acompañó una mamá que se moría de miedo porque no caminábamos, si nos reñía cuando nos caíamos y nos prohibía volver a caernos, incluso si nadie nos acompañó, las conclusiones a las que llegaremos sobre nosotros mismos, sobre los demás y sobre el mundo que habitamos serán muy diferentes: «El mundo es peligroso», «Yo no soy válida» o «No puedo confiar». Con creencias como estas, es imposible sentirse seguro. Y, cuando no tenemos ninguna seguridad, nos agarramos a algo que se le parece pero no lo es: el control («Si no me expongo, si no lo hago, si no voy, si no hablo…, no fallaré»). O peor aún, podemos agarrarnos a la desconexión.

Las personas que han sido acompañadas por alguien con apego seguro llegarán a la conclusión de que son valiosas y de que pueden confiar, es decir, que son capaces de regular sus emociones tanto solas como en compañía.

Las que han sido acompañadas por mamás preocupadas y que sobrerreaccionaban nunca han llegado a enfrentarse solas a los problemas. A través de los ojos de su madre, han visto el mundo como un lugar lleno de peligros, de modo que dependen de la compañía de otra persona para regularse.

Aquellas que han sido (no) acompañadas por mamás con una gestión evitativa, no buscan compañía cuando necesitan regularse, sino que intentan hacerlo solas. Son las que afirman «Yo no soy de abrazos» cuando lo que están diciendo es que algo se rompió en su desarrollo cuando necesitaban que las acompañasen. Encuentran la calma en soledad.

Las que fueron acompañadas por personas muy desorganizadas, poco predecibles y recibieron insultos, críticas y humillaciones no consiguen regularse solas ni en compañía. Desean vincularse, pero han aprendido que eso es peligroso, y la soledad, cuando eres una niña, también lo es.

Pregúntate:

Necesidades emocionales en la infancia

Todos los niños tienen necesidades físicas —alimento, un lugar calentito donde vivir, una mesa en la que hacer los deberes…— y necesidades emocionales. Las primeras no las vamos a detallar, aunque, por supuesto, están íntimamente relacionadas con las segundas. De las emocionales, aunque son muchas, podemos destacar las siguientes:

1. **Que los cojan en brazos y los acaricien.** El tacto es el primer órgano que se desarrolla en el vientre materno, de ahí su importancia. Los niños reciben mucha información a través de la piel, y esto explica que, en edades tempranas, quieran tocarlo todo, y también la necesidad que tienen de que sus cuidadores los toquen con mimo: que

los acaricien y cojan en brazos, dormir apoyados en su regazo…

2. **Que sean espejo de sus emociones.** Los peques necesitan poner nombre a las sensaciones de su cuerpo para que estas se conviertan en emociones. Cuando un niño sonríe, necesita que su mamá le diga, animada «¡Qué contento estás, qué sonrisa tan bonita!» mientras ella sonríe a su vez. Cuando un niño llora, necesita que su mamá ponga cara triste y le pregunte: «¿Qué le pasa a mi niño, le duele la tripita?», «¿Es el pañal, está sucio…?». Cuando un niño se cae, necesita que su mamá coja aire y exclame: «¡Vaya susto!», le toque la parte del cuerpo en la que se ha hecho daño y le diga: «Sana, sana, culito de rana». Así el niño pone nombre a sus sensaciones y solo de esta manera consigue que existan.

3. **Que los miren.** Los niños necesitan sentirse mirados tanto si fallan como si triunfan. Los ojos de mamá son el mundo que los mira, representan cómo los mirarán los demás en el futuro. La niña, a través de los ojos de mamá, aprende quién es y hace inferencias de cómo la mirarán a lo largo de toda su vida. Necesita miradas de apoyo cuando fracasa para llegar a la conclusión de que la apoyarán cuando falle, y miradas de admiración cuando triunfe para llegar a la conclusión de que es valiosa. La mirada de mamá en edades tem-

pranas construye gran parte de la autoestima en los adultos.

4. **Que celebren sus éxitos, amplifiquen las emociones positivas y minimicen lo negativo.** Los niños necesitan que les digan lo bien que hacen las cosas y que premien sus primeros logros. Es alimento para la autoestima y la mejor prevención para no engancharse en relaciones esperando que los validen. Tener una mamá que diga «¡Qué bonito, este dibujo! Lo voy a colgar en la nevera», «¡Qué bien hace el pino mi niña!» o «Cántame la canción del pollito, que me gusta escucharte» hará que su autoestima se nutra de mensajes como «Soy capaz, soy importante, soy valiosa». Llevar esto puesto es el mejor antídoto para no caer en relaciones en las que no la traten de ese modo. La niña no recordará si las proporciones de los brazos del dibujo eran realistas, sino que su mamá lo exhibía orgullosa en la nevera. No se acordará de que su amiga hacía el pino puente y ella solo el pino, sino de que su mamá la miraba mientras lo hacía. No recordará si entraba en el acorde correcto, sino que mamá disfrutaba cuando cantaba, y buscará relaciones en las que la traten de ese modo. Crecerá con la certeza de que es valiosa e importante tal como es, que no necesita cambiar nada para que la traten con amor, gratitud y respeto.

5.	**Que les cuenten cosas.** Para que una niña le cuente a su mamá cómo le ha ido en el cole, necesita que esta le explique cómo le ha ido el día a ella: dónde ha ido, con quién ha estado, qué ha comido… De esta manera, la niña infiere que en casa son importantes las cosas que les ocurren. Muchas veces me pedís *tips* por las redes y digo aquello de «Cada persona es única, y por eso no hay *tips* generales», pero voy a hacer una excepción. Creo que en todas las casas debería conversarse durante la cena sobre cuál ha sido el mejor momento del día para cada una de las personas del núcleo familiar. Eso solucionaría el problema de llegar a la edad adulta con la sensación que habita en tantas personas de que sus padres son unos auténticos desconocidos.

6.	**Que se muestren sensibles con sus estados emocionales y se hable sobre ello.** Los niños necesitan que mamá ponga en palabras lo que sienten, pero también que hablen un ratito sobre ello: «Qué faena que nos tengamos que cambiar de ciudad y de colegio. ¿Echarás de menos a tus amigas? ¿Y a tu profe? Seguro que en el cole nuevo harás nuevas amigas. He visitado su web y he visto las extraescolares que ofrecen. ¿Quieres que las miremos juntas?». Ser un sistema sensible que hable sobre las emociones y avance al ritmo que permita el niño garantiza que su cerebro se sienta acompañado, y también relaciona las emociones desagradables con la información nueva desde la que sentirse acompañado y regulado.

7. **Que los papás tengan resueltas o integradas sus propias experiencias.** En el bebé se produce una sincronía emocional con su mamá. Es decir, si mamá sonríe, el bebé sonríe; si mamá está nerviosa, el bebé está nervioso. Durante la infancia, los niños son muy sensibles a los estados emocionales de su madre: si ella está triste o tiene miedo, el niño lo percibe, se siente de ese modo e intenta hacer lo posible para resolver el estado emocional del adulto. Tener una mamá disponible emocionalmente para él es la única forma de ponerse a salvo y regular su emoción. Por eso es de vital importancia para los niños que los padres hayan integrado sus experiencias y emociones. Ojo, eso no quiere decir que no puedan sentir emociones desagradables, sino que son capaces de hacerse cargo de ellas y ofrecer un relato adaptado para que los niños entiendan qué sucede.

8. **Que les ofrezcan certidumbres.** Los niños no necesitan unos padres perfectos o sin problemas, sino unos suficientemente buenos. ¿Qué significa «suficientemente buenos»? Unos que puedan poner en palabras lo que ocurre, las causas de los conflictos, las posibles soluciones y lo que va a pasar después.

9. **Que jueguen con ellos.** Los peques aprenden a interaccionar y regularse a través del cuerpo y la mirada de los adultos. Gracias al juego, tocan y se saben sentidos por sus padres en un entorno desenfadado en el que se sienten el centro de su atención. De esta manera aprenden que son seres valiosos y que el mundo es un lugar seguro que pueden explorar.

Todas estas necesidades de la infancia son objetivas. Necesitar esto te hace humana, no blanda, ni floja, ni sensible, ni llorona, ni egoísta, ni estás rota... Si te han hecho sentir de este modo por demandar tus necesidades, es normal que la confusión, la represión, la falta de valía y el enfado formen parte de las emociones que te acompañan desde siempre. Si no lo han hecho, espero que estas líneas puedan despertarlo. Cualquier emoción o sensación es mejor que estar desconectada.

Además, no hay nada que una niña tenga que hacer para ganarse este cuidado y afecto. Cierra los ojos y piensa en la niña de seis años que fuiste: ¿tiene que hacer algo para recibir afecto y sentir que es importante?

Cuando estas necesidades han sido cubiertas, las personas adultas piden ayuda ante las adversidades y se sienten valiosas para enfrentarse a lo que venga. Sin embargo, si no lo han sido, piensan que no valen o que no pueden confiar en la gente que las rodea. Una niña cuyos éxitos y logros no han sido celebrados, no sabrá reconocerlos en el presente, no se los creerá porque jamás se los reconocieron. Aunque ahora pueda hacerlo, no lo verá, porque no registró la emoción de sentirse capaz de conseguirlo.

Si no recibiste esto de tus padres, quizá en tu vida impere el enfado y te impida recoger esas necesidades resueltas o los regalitos de otras personas. En vez de eso, a lo mejor te dices «No soy de abrazos» o no te crees las palabras de admiración del resto y las consideras paparruchadas, cuando lo que en realidad pasó fue que algo se rompió durante tu desarrollo.

Las necesidades emocionales, igual de objetivas que las físicas, dejan heridas en el alma que hay que cuidar para que sanen. Hay muchas emociones —como el enfado, que te aleja de las personas que te hacen daño, o la vergüenza de necesitar, que te priva de pedir para que no vuelvan a decepcionarte— que han intentado protegerte, pero, ahora, ¿realmente lo hacen o te impiden conectar con quienes están dispuestos a mirarte y quererte? No son pocas las personas que llegan a consulta y me dicen «Silvia, ahora tengo un novio que me quiere, pero soy incapaz de dejar que me quiera» o «Ahora tengo un trabajo, una casa y he roto con mi familia, pero sigo nerviosa, a la mínima muerdo a los que me rodean, y siempre se acaban yendo». Hay que comprender qué faltó, identificar las necesidades emocionales no resueltas y expresarlas, y dar sentido al malestar para caminar hacia una verdadera regulación emocional.

SEGUNDA PARTE

Heridas

5

¿De qué estamos hablando cuando hablamos de trauma?

Antes de empezar, quiero proponerte algo: coge un lápiz y dibuja un círculo grande aquí debajo:

Este círculo es tu interior. Dibuja o escribe lo que hay en él. Recuerda que las personas a las que quieres, tu mascota o la naturaleza quedan fuera. Si quieres, puedes dibujarlos, pero no dentro. Me gustaría que, en esta ocasión, te centraras en lo que hay en ti. Tómate el tiempo que necesites. Luego, pregúntate:

- ¿Cómo es tu interior, grande o pequeño?
- ¿Qué sientes cuando lo miras?
- ¿Está lleno de dolor o de recursos?
- ¿Hay cosas que te ayudan a lidiar con tus problemas actuales o más bien te boicotean?

Lo que hay ahí es la historia de tu vida. Cada cosa que has dedicado un ratito a dibujar contiene una historia, la de la experiencia que te hizo afirmar que era necesario que eso permaneciera en ti y la de todas las situaciones presentes en las que siguen apareciendo. Te guste más o menos, eso está ahí por algo.

Por otro lado están aquellas cosas que, a pesar de formar parte de tu interior, no has dibujado. Puede que no salgan porque no eres consciente de que están ahí o porque, a pesar de serlo, no sabes cómo plasmarlas. O quizá piensas «Bueno, esto me lo ahorro, no sea que le deje el libro a alguien, lo vea y ya no me quiera» o «¡Uf, si lo ve alguien… Estoy denunciando aquello que me pasó y, de alguna manera, delato a la persona que me hizo daño, la traiciono»… Mira, amiga, amigo, tu historia es tuya, te pertenece. Eres dueña de tu historia. Para bien y para mal, todo lo que ronda por tu cabeza es tuyo. Así que, si lo necesitas, vuelve al dibujo, dirige a tus manos lo que se mueve en tu cuerpo al leer estas líneas y dibuja tu historia, tu interior, porque te pertenece.

Heridas, heriditas y heridotas

Últimamente, la palabra «trauma» resuena en las redes y está en boca de todos. Me gusta que se hable de ello sin que nos echemos las manos a la cabeza o salgamos corriendo, pero creo que el término se está adulterando, y ya no sabemos muy bien de qué estamos hablando cuando hablamos de trauma.

La Real Academia Española define el trauma como «1. Choque emocional que produce un daño duradero en el inconsciente. 2. Emoción o impresión negativa, fuerte y duradera». Es decir, es una herida que, al menos, dejará cicatriz, una definición muy coherente con el uso del lenguaje actual.

En el mundo de la psicología clínica hay algunas especificaciones más. El manual que usamos los profesionales de la salud mental, el DSM-5 (*Diagnostic and Statistical Manual of Mental Disorders*), define el trauma como «cualquier situación en la que una persona se ve expuesta a escenas de muerte real o inminente, lesiones físicas graves o agresión sexual, ya sea en calidad de víctima directa, cercana a la víctima o testigo». Según esta definición, para considerar traumático un hecho has tenido que estar a punto de morir, ver a alguien muerto o a punto de fallecer, o que te lo hayan contado y que esa experiencia te haya impactado profundamente, así que, como puedes sospechar, se queda un poco corta respecto al uso que se le está dando en la actualidad.

A principios del siglo XX, el psicoanalista Pierre Janet, que trabajaba con personas que sufrían trastorno de estrés postraumático, empezó a diferenciar entre hechos de «T» o «t grande» y hechos de «t» o «t pequeña». Esta distinción, como otros muchos términos utilizados en el trauma psicológico, viene del mundo de la medicina y de las lesiones en el campo de la traumatología física. En su origen, diferenciaba las lesiones óseas: las «T» son extensas o significativas, afectan a las estructuras adyacentes, y las «t» son microlesiones que no les afectan.

Siguiendo esta lógica, en psicología usamos los términos «T» para referirnos a los acontecimientos que siguen la definición más fidedigna del DSM-5, es decir, exposición a hechos de muerte o cercanos a ella experimentados o narrados —un accidente de tráfico en el que muere tu hermana, encontrarte a tu padre que se acaba de suicidar, un incendio en casa, abusos sexuales por parte de tu abuelo...— y traumas de «t» para referirnos a todas las experiencias que, sin necesidad de exponerte a la muerte, van rompiendo tu identidad —la humillación de tu padre, las críticas de tu madre, el rechazo de tus compañeros en el colegio...— y que, como la tortura de la gotita que va cayendo en el cráneo, puede romperte por completo si cae muchas veces.

Esta clasificación no surge para restar importancia a ninguna experiencia ni a ningún acontecimiento. De hecho, las «t» repetidas en el tiempo tienen un gran impacto en la identidad y el cuerpo. El dolor que penetra en el cuerpo por el rechazo continuo de una madre o las críticas persistentes de un padre dejan una huella imborrable en el alma, convierten el suelo en una superficie fangosa y predeterminan la forma en que se vive en el futuro. Por seguir con las metáforas, una experiencia «T» sería un accidente casi mortal de alguien que se cae de cabeza desde un cuarto piso, mientras que las «t» repetidas en el tiempo son como el efecto de recibir cien golpes en el cráneo cada día durante años hasta que queda hecho polvo.

No hago estas aclaraciones para que el tono del libro sea sangriento, sino para que nadie se atreva a restar importancia a las «t». De alguna manera, estas van formando el apego: aprendes si puedes o no pedir ayuda, si merece la pena o no contar lo que sientes… Así, en el cuerpo, estos hechos se convierten en base de seguridad o todo lo contrario para todas las experiencias posteriores de la vida.

Por supuesto, no es lo mismo vivir un episodio «T» teniendo un suelo firme o una piel sana (apego seguro) que uno fangoso o una piel hiperreactiva (apego inseguro). No es lo mismo subir un puerto de montaña dificilísimo («T») o unas montañitas («t») con un todoterreno último modelo (apego seguro) que con un triciclo (apego inseguro). No es lo mismo perder a tu familia en un accidente de tráfico cuando has crecido con una madre cariñosa, de la que has aprendido que eres una persona importante y digna de amor, que si has crecido con una madre abusadora, de la que has aprendido que eres un ser indeseable. La primera buscará refugio en sus seres queridos y una forma tan adaptativa como el contexto le permitirá cuidar de su tristeza. Se cuidará como la cuidaron. Sin embargo, en el segundo caso, ante la pérdida de su familia y el cóctel de emociones, esa mujercita pensará que molesta y se replegará en ellas sin compartirlas con nadie, además de sentirse culpable por sentirse como se siente. Hay pieles que curan y cicatrizan bien, y otras que no evolucionan, cicatrizan en falso, se infectan…

Cerebro y trauma

Los genes son como un libro de instrucciones para nuestro cerebro. Sin embargo, las páginas que se leen dependen de forma directa del ambiente en el que nos desarrollamos, esto se llama epigenética. En otras palabras, lo que vives influye en qué páginas de la genética se leen, de esta manera lo que vives deja huella en tu mente y en tu cuerpo. Por su parte, las experiencias tempranas influyen de forma aún más determinante debido a que el cerebro aún está en desarrollo. Algunos de los factores ambientales de riesgo en la edad temprana son: el estrés de la madre durante el embarazo, consumo de sustancias, privación del cuidado parental, maltrato y negligencia infantil, pérdida prematura de los padres, exposición a conflictos familiares y violencia. Todos ellos aumentan las probabilidades de sufrir posteriormente problemas de salud mental.

El primer y más importante cometido de tu cerebro es sobrevivir, por encima de amar, y todas tus estructuras se han ido conformando según tu contexto para mantenerte con vida. Si has crecido en un entorno adaptativo, tus estructuras y tu funcionamiento cerebral están construidos para que te desarrolles en entornos adaptativos. Pero si, por el contrario, tuviste que sobrevivir en un entorno hostil y peligroso, tu cerebro se habrá adaptado a él en la edad adulta. Y aunque ahora el contexto sea diferente y estés en un momento en que te puedas relajar y disfrutar, tu cerebro no sabrá hacerlo. Por supuesto, no siempre es extremo —«He crecido en un entorno funcional o disfuncional»—, sino que se trata de una dimensión. El objetivo no es saber hasta qué punto es funcional tu cerebro, sino a qué heridas puedes prestar atención y así ofrecer al cerebro otra manera de funcionar. Tranquila. Si eres del equipo dos, tengo una buena noticia para ti: el cerebro conserva toda la vida la capacidad de aprender.

El cerebro triuno

Podríamos dividir el cerebro en tres partes siguiendo el modelo propuesto por el médico y neurocientífico Paul MacLean:

1. **Cerebro reptiliano** (tronco encefálico y cerebelo). Como su nombre indica, lo compartimos con los reptiles. Controla funciones básicas como la respiración o la frecuencia cardiaca. Además, gestiona la agresión, la territorialidad o los hábitos repetitivos. Cuando nace un bebé, esta parte ya está formada.

2. **Cerebro límbico** (amígdala, hipocampo e hipotálamo). Lo compartimos todos los mamíferos. Se desarrolla en la interacción con el cuidador y se encarga de dar respuesta a los estímulos externos teniendo en cuenta las emociones y la memoria. Cuando mamá se acerca me sonríe, sé que estoy a salvo. Por lo tanto, cuando una mujer se me acerque en el futuro, me sentiré a salvo porque, de forma inconsciente, se activará la sonrisa de mamá.

3. **Cerebro superior o córtex.** Lo compartimos con los mamíferos superiores, y está especialmente evolucionado en los humanos. Acaba de desarrollarse hacia los veintiséis años, y se encarga de la planificación, la creatividad, el lenguaje, la resolución de problemas y la regulación de emociones. Gracias a este cerebro, no mordemos a nuestra pareja cuando vuelve a dejar los calcetines en el suelo ni abandonamos a nuestro perro cuando nos tira el café encima del ordenador nuevo. Este cerebro nos invita a tomar aire y no sobrerreaccionar.

En resumen, el cerebro reptiliano gestiona los instintos; el límbico, las emociones; y el córtex, la razón. Se van desarrollando de forma secuencial, uno tras otro, pero, hasta que uno no llega a su nivel máximo de maduración, el siguiente no puede alcanzar un desarrollo óptimo. Pregúntate:

- ¿Qué cerebro guía tu conducta? ¿Y la de tu madre? ¿Y la de tu padre?
- ¿Cuál guía las discusiones con tu pareja? ¿Y con tu madre?
- ¿Te resulta fácil poner en palabras (córtex) la relación con ella? ¿Y con tu padre?

Durante el embarazo, las experiencias adversas alteran el desarrollo del cerebro reptiliano y, si se dan en la infancia —sobre todo con el cuidador principal—, influyen en la evolución del cerebro límbico. De esta manera, limitan el buen desarrollo del córtex y, por lo tanto, una buena gestión y regulación de las emociones en la edad adulta. Si algo de esto sucede, podemos llegar a la madurez con un cerebro superior que no esté en forma.

Como te habrás dado cuenta, me encantan las metáforas, así que voy a ofrecerte otra. El cerebro primitivo sería como un taparrabos; el límbico, una manta gorda de lana; y el córtex, un abrigo ligero e impermeable con tecnología en el tejido. Como ves, necesariamente hemos tenido que pasar por el taparrabos y la pesada manta de lana para llegar al abrigo ligero, calentito e inteligente. Del mismo modo, también los seres vivos hemos ido evolucionando. Cuanto más se desarrolle el córtex, menos protagonismo daremos a los cerebros límbico y reptiliano. Es decir, si tenemos a mano el abrigo calentito y fino, por lo general no usaremos la manta ni el taparrabos. De esta manera, seremos adultos funcionales adaptados a las situaciones presentes. Sin embargo, si nuestros cerebros reptiliano o límbico han tenido problemas durante el desarrollo —estrés en el embarazo, adicciones o una madre poco responsiva o que sobrerreaccionaba en nuestra niñez—, puede que ese abrigo de última tecnología tenga agujeros, y encontremos más seguridad en nuestra vieja y pesada manta de lana o salgamos a la calle con lo puesto (taparrabos). Por tanto, cuando nos enfrentamos a un evento estresante, se activa el cerebro reptiliano o el límbico, y se inactiva el córtex, de modo que, literalmente, somos incapaces de regular las emociones, respirar hondo y pedir ayuda.

Salir corriendo detrás de tu pareja (como Ainhoa), encerrarte en tu habitación (como Luis), temblar cuando estás haciendo una presentación en la universidad o tienes que hablar con tu jefe, intentar llenar el vacío que sientes a punta de atracón, atacar con lo que más duele a tu pareja durante las discusiones…, no parece que sea tu córtex funcionando, sino tu cerebro primitivo, que sobrerreacciona.

Es posible poner tu córtex en forma. En terapia procesamos todas las emociones enquistadas de experiencias antiguas que activan tu cerebro primitivo de manera más o menos consciente, ponemos en palabras lo vivido (implicamos directamente al córtex, por eso es tan importante y sanador hablar de lo que ocurrió) e introducimos y damos ideas a tu córtex para que tome las riendas en situaciones en que no había participado hasta este momento. Volviendo a la metáfora, te damos el hilo y los parches que necesitas para remendar tu abrigo inteligente, tu córtex.

Atacar, huir o desaparecer: la teoría polivagal

En 1995, el neurocientífico Stephen Porges propuso la teoría polivagal. Para entenderla, vamos a hacer una breve y sencilla aclaración de conceptos. Los seres humanos tenemos un sistema nervioso que, como su nombre indica, está formado por nervios, neuronas que se comunican desde el cerebro hasta cada milímetro de tu piel, pasando por absolutamente todo tu ser. El sistema nervioso se divide en dos partes:

- **Sistema nervioso central.** Centro de mando cubierto de hueso que consta de cerebro y médula espinal.
- **Sistema nervioso periférico.** Cableado del cuerpo que lleva información al centro de mando y luego

la transmite por todas partes. Aquí diferenciamos dos sistemas:

- **Sistema nervioso somático.** Controla las funciones voluntarias del cuerpo, el movimiento de los músculos y del esqueleto, y lleva información de los órganos sensoriales (piel, ojos, oídos…) al cerebro y a la médula espinal.
- **Sistema nervioso autónomo.** En este nos vamos a detener.

El sistema nervioso autónomo consta de dos subsistemas: el simpático, que es el acelerador, y el parasimpático, que son los frenos. Dentro del parasimpático hay dos ramas (dos cables): vago ventral y vago dorsal. A ver, un poco más despacio, sí. Te lo explico:

- **Sistema nervioso autónomo simpático.** Cable acelerador que se activa para protegernos cuando detectamos un peligro, es decir, nos moviliza ante una emergencia para luchar o huir. Imagina que en tu interior se despierta un oso furioso. Este cable lleva información al corazón y le dice: «Late con fuerza, que vamos a atacar»; a los pulmones les pide: «Respirad fuerte, que necesitamos mucho oxígeno»; a los músculos les indica: «Tensaos, tenemos que luchar o huir»; y, por último, le dice al estómago: «Deja de hacer tu trabajo, necesitamos toda la energía para luchar».

- **Sistema nervioso autónomo parasimpático**
  - **Vago ventral.** Cable de freno que se activa cuando estamos a salvo. Imagina que el que se despierta en este caso es Baloo, el oso majo y relajado de *El libro de la selva*. Nos echamos una siesta, hacemos la digestión mientras descendemos por un río sereno, charlando de forma apacible… El corazón, los músculos y los pulmones están calmados. Vemos el mundo como un lugar seguro, damos la supervivencia por supuesta, conectamos con las personas que tenemos a nuestro alrededor… Se activa cuando nos sentimos seguros, conectados o en calma.
  - **Vago dorsal.** Cable de frenazo que se activa cuando sentimos tanto peligro que no podemos defendernos. Imagínate a un oso que ha crecido en una jaula, paralizado, inmóvil, muerto en vida… O a una lagartija que se queda inmóvil creyendo que así no la verás para evitar que la captures. Se activa cuando entramos en colapso, inmovilización o disociación.

Del equilibrio de estos dos sistemas y del entorno depende nuestra supervivencia. Lo sano no es permanecer mucho tiempo en uno de ellos, sino que puedas ir cambiando cómo te encuentras según el contexto que te rodea en ese momento. Lo que pasa es que el contexto en el que creces influye sobre el sistema nervioso autónomo que llevas puesto por defecto, y te cuesta más salir de él. Por ejemplo, si has crecido en una familia en la que siempre había injusticias y has estado mucho tiempo en alerta, preparada para luchar o huir, llevas el sistema nervioso simpático activado, también en el presente, aunque ya no te rodeen las personas que fueron injustas contigo; siempre buscas las injusticias o la traición. Permanecer en este sistema nervioso consume mucha energía y tiene un impacto en el cuerpo: cefaleas, digestiones lentas o intolerancias, contracturas, sarpullidos…

En cambio, si has crecido en un ambiente seguro, tienes activado por defecto el sistema nervioso autónomo vago ventral; hay un Baloo dentro de ti que confía en que el mundo y las personas que te rodean son buenos. Y, aunque puedes activar los otros dos sistemas si las condiciones del ambiente se modifican, el estado de tu sistema nervioso cambiará, no se quedará a vivir en el peligro porque habrá aprendido que el mundo es un lugar seguro y tranquilo.

Si te identificas con el sistema nervioso vago dorsal, antes que nada quiero pedirte que confíes en que las cosas pueden ser de otro modo. Si tienes esa sensación, es porque has crecido en un ambiente tan hostil y caótico que no tenías más opción. De esta manera, has aprendido a desconectarte. En tu caso, lo más funcional era no hacer nada y ahorrar energía. Vivir así es muy peligroso, porque puedes permanecer en relaciones de maltrato, medio desconectada, pensando que es imposible salir de ahí. Identificar que no eres una niña indefensa y que en el presente tienes o puedes conseguir las herramientas que necesitas para defenderte te llevará a relaciones y lugares seguros para, desde ahí, ser consciente de que estás a salvo, lista para vivir y sentir.

Jorge Bucay tiene un cuento que habla de un elefantito recién nacido al que ataron a una estaca con una cuerda. Durante la primera semana tiraba y tiraba, pero no conseguía moverla. A la semana siguiente tiró alguna vez, pero con menos insistencia; después de un tiempo, dejó de tirar. Se rindió, asumió que eso era lo que había para él. Y aunque resultaba ridículo ver a un elefante inmenso atado a una pequeña estaca de la que podría escapar dando un pequeño tirón, el elefantito que fue había asumido que jamás podría liberarse de esas ataduras.

Este cuento me recuerda a las personas que viven con el sistema nervioso vago dorsal activado. En algún momento, su sistema estimó que no podían defenderse y que lo mejor era desconectarse, pero se les ha olvidado volver a intentarlo, reconectar con ellas mismas y comprobar si la situación ha cambiado. Uniéndolo al tema del apego, es como si hubieran perdido su sistema de agencia. En realidad, lo que han perdido es la capacidad de influir sobre los demás y sobre el mundo.

6

Las heridas emocionales

Las heridas emocionales son la huella que deja en nuestro cuerpo el hecho de haber tenido experiencias desagradables o potencialmente traumáticas. De esta manera, lo que has vivido influye en cómo piensas, actúas, sientes o crees que eres. Hasta ahora hemos visto de qué forma han afectado a la estructura y al funcionamiento del sistema nervioso. En este capítulo te pondré ejemplos de experiencias y conductas del funcionamiento subyacente de estas estructuras.

Pero antes te propongo que bajes revoluciones y hagas tres respiraciones profundas. Quiero que empieces a conectar contigo y respondas a estas preguntas tomando conciencia de cómo eres en la actualidad.

- ¿Sientes que estás más cansada de lo que deberías?
- ¿Crees que sabes cuidar de los demás a la perfección, pero no te ofreces lo que necesitas?

- ¿Sientes que no existes si nadie ve lo que haces?
- ¿Es probable que calles lo que piensas por miedo a equivocarte o a que no te escuchen?
- ¿Te asusta que descubran cómo eres y acaben huyendo?
- ¿Sientes que los demás a menudo tienen más suerte que tú?
- Aunque sepas lo que quieres, ¿es posible que no lo hagas por miedo a sentirte decepcionada?
- ¿Piensas que no acabas de conectar del todo con la gente?
- Después de un plan social, ¿te sientes con la batería baja?
- ¿Es probable que a menudo pierdas las formas y acabes gritando o hablando mal?
- ¿Necesitas tenerlo todo bajo control?
- Cuando hay calma, ¿sientes que en cualquier momento va a explotar la tormenta?
- ¿Te sientes inquieta o consideras que estar sola es inasumible?
- ¿Crees que hay algo en ti por lo cual los demás no acaban de quererte o tenerte en cuenta?
- ¿Piensas que, cuando estás triste, lo mejor es que te escondas porque a nadie le importan tus problemas?
- ¿Sientes que te has puesto una anestesia para el dolor que te impide disfrutar de lo bueno?

- ¿Crees que el sufrimiento vive contigo y que jamás podrás escapar de él?
- ¿Te estás tratando como te trató la persona que te hizo daño? ¿Tratas de ese modo a las personas que quieres?
- ¿Sigues intentando demostrar que eres suficiente o importante?
- ¿Sientes parálisis o pesadez en los músculos?
- ¿Tienes miedo, a pesar de que ahora la situación ya no es peligrosa?
- ¿Tus emociones se desbordan fácilmente y te resulta difícil regularlas?
- ¿Te aíslas pensando que van a humillarte?
- ¿Sientes neblina mental o no recuerdas partes de tu historia?
- ¿Tienes pesadillas o *flashes* que hacen presente el pasado?
- ¿Te autosaboteas como te sabotearon?
- ¿Te molesta ver a los que te hicieron daño como si nada mientras que a ti te cuesta horrores tirar para adelante?
- ¿Intentas llenar el vacío de tu pecho con cosas que te hacen daño?
- ¿Sientes que en tu maternidad se activan emociones pasadas?
- ¿Estás tan desconectada que te quedas en lugares que te ponen en peligro?

Te invito a que recojas todas aquellas en que has contestado «Sí» y te preguntes:

Deja a tu cerebro libre con cada cuestión; él hará conexiones y te llevará a lugares de tu historia de vida que respondan a estas preguntas.

Lise Bourbeau escribió el libro *Las cinco heridas que impiden ser uno mismo*, en el que habla de cómo las experiencias pasadas afectan a las relaciones, los pensamientos y las emociones en el presente. Además, propuso algunas máscaras o mecanismos de defensa, tiritas que usamos cuando sufrimos estas heridas. Describe las siguientes: rechazo, abandono, humillación, traición e injusticia. Veámoslas una a una.

Herida de rechazo

Esta herida surge cuando nos rechazan. Como hemos visto en capítulos anteriores, un niño necesita ser aceptado e integrado en el núcleo familiar porque eso garantiza su supervivencia. No experimentar el ser aceptado de forma incondicional, estar integrado y ser bienvenido en el núcleo en el que se desarrolla pone en jaque su seguridad física y le hace pensar «No tengo grupo que me provea de alimentos o defensa», pero también afecta a su supervivencia emocional y autoestima: «¿Qué hay dentro de mí que hace que no esté bien?».

Ya hemos dicho que las figuras de apego van cambiando cuando crecemos. En las primeras etapas del desarrollo, esta herida viene del núcleo familiar, mientras que, a medida que pasan los años, se producirá en el grupo de amigos del colegio y después en la sociedad. Quizá tengas heridas de rechazo si tus padres criticaban todo lo que hacías y sientes que su amor estaba condicionado a tus decisiones o comportamientos, pero también si has tenido una relación adulta en la que sufrías vejaciones o *ghosting*, entre otras tantas posibilidades.

¿Cuál es la tirita de la herida de rechazo?

Imagínate que a Sergio, un niño de nueve años, sus padres le mandan este tipo de mensajes: «Uf, qué desastre de cuaderno», «Eres tonto», «No toques eso», «Para ya», «Qué pesadito»… Tarde o temprano, Sergio llegará a la conclusión de que lo mejor es ser invisible para evitar la crítica, de modo que se convertirá en un adulto que preferirá estar solo. En las relaciones, será complaciente, evitará la confrontación y le costará ocupar su lugar. Así evitará llevarse el rechazo que vaticina su cerebro. Es decir, un niño que sufre rechazo será un adulto que evite el contacto.

¿Cómo se sana la herida de rechazo?

Para reparar esta herida, tenemos que vivir relaciones seguras. Experimentar que somos plenamente aceptados, sin condiciones, puede ser muy reparador. De alguna manera, es necesario que reescribamos nuestra identidad:

Hay algo mal en mí que me hace rechazable →
Merezco ser querida, con mis luces y sombras

Pero, como verás, la tirita que un niño se pone en la herida de rechazo —evitar o no mostrarse cuando se relaciona con otro para no sentirse rechazado— le impide establecer relaciones sanas en las que se sienta a salvo y ser capaz de redefinir su identidad.

Herida de abandono

La causa de esta herida es la experiencia de sentirnos abandonadas. El abandono puede sufrirse física o emocionalmente. Es decir, tu padre puede desaparecer o quizá, aunque esté cerca, no sientas su presencia emocional. Las necesidades emocionales básicas de los niños son objetivas, existen: sentirse vistos, cuidados, entendidos, escuchados, comprendidos… Las consecuencias de no cubrirlas son igual de peligrosas que si se ignoran sus necesidades físicas básicas: alimento, vestido, higiene y calefacción. Para desarrollarse a nivel emocional, los niños no necesitan un hotel, sino un cuidador afectuoso y receptivo que los mire y acompañe.

No se trata de culpar a nuestros padres. Seguro que lo hicieron lo mejor que pudieron con sus mochilas y recursos. No culpar y ver las consecuencias que han tenido en nosotras el tipo de cuidados que nos han ofrecido nuestros progenitores son compatibles. No es justo para ti que niegues tus emociones o una parte de tu identidad con la intención de salvaguardar o edulcorar lo vivido. Negarlas no hará que no las sientas. De alguna manera, esa niña tuvo que vivir la soledad física o emocional cuando la ponía en riesgo, cuando entrañaba peligro. No ha tenido la oportunidad de experimentar la soledad desde el pensamiento plácido de «Mis padres se van, voy a ver una peli repantingada en el sofá», sino desde el de «Papá se ha ido, y no puedo decirle a mamá que estoy triste porque la pondré triste». De este modo, cuando estas niñas son adultas y se quedan solas, no asocian la soledad con libertad, sino con un vacío profundo que evitan a toda costa. Por eso pueden acabar acompañándote a hacer la compra el sábado, aunque estén cansadas, o quedarse en relaciones sentimentales nocivas con la única intención de no tocar la soledad. Piensan que es mejor estar mal que solas. Así, acaban abandonándose, profundizando en esa herida de abandono. Viven preguntándose «¿Qué tengo que hacer o ser para que me quieras?», y al final acaban abandonando sus necesidades y emociones. En suma, si esta estrategia no les funciona y perciben que pueden dejarlas, se mostrarán dependientes y débiles para intentar que los otros no se marchen.

¿Cuál es la tirita de la herida de abandono?

Un niño que sufre abandono se convierte en un adulto en permanente búsqueda de aprobación y atención. Esa es su tirita. De esta manera, intenta asegurarse de que no lo abandonarán. Por ejemplo, en una relación de pareja, necesita que le corroboren cada dos por tres que lo quieren. Debajo de ese «Dime que me quieres» hay un «Prométeme que no me vas a abandonar».

Las personas con herida de abandono son niños que tuvieron que enfrentarse a la soledad cuando esta suponía un peligro para su supervivencia. Una niña necesita a adultos que cubran sus necesidades físicas —comida, un lugar caliente en el que vivir, higiene…—, pero también a unos padres emocionalmente disponibles que la escuchen, la miren, la entiendan y la validen. Tanto las necesidades físicas como las emocionales son básicas. A menudo veo en consulta a adultos superfuncionales en su día a día, independientes, con buenos trabajos y capacidad intelectual, pero que llevan un sufrimiento enorme en su interior, un abismo —necesidades emocionales no cubiertas— y, como les sucedía en la infancia, aunque en apariencia lo tengan todo, sienten un profundo vacío que les desgarra el alma. Por lo tanto, el abandono no solo puede ser físico, sino también impepinablemente emocional. Existen abandonos emocionales de padres presentes con una apariencia física de lo más normal.

En la sociedad, a menudo vemos campañas de recogida de alimentos, juguetes… Las necesidades físicas son atendidas y validadas, pero las emocionales a veces se subestiman. Hay niños que han crecido en un entorno en el que su padre nunca les ha leído un cuento o su madre jamás les ha acariciado el pelo en el sofá. Si esto te mueve, quiero decirte que tus necesidades existen, son válidas. Es normal que te duela o que estés enfadada por no haberlo recibido, y deseo que no hayas perdido la esperanza de encontrarlo, porque mereces que te traten con amor y cariño.

Los niños con herida de abandono son adultos que se enganchan a relaciones para evitar la soledad. Para ellos, volver a tocar la soledad supone sentir de nuevo el peligro y el vacío que sintieron de pequeños cuando tuvieron que enfrentarse a ella sin estar preparados. Es como enseñar un mar bravo y frío a unas niñas que nunca han aprendido a nadar y a las que han torturado con ahogadillas. Para no tocar esa soledad que las aterra, se quedan en cualquier relación. Cualquier cosa es mejor que estar solas. Da igual si no las tratan bien, si les faltan al respeto, si no las tienen en cuenta… Cualquier cosa antes que tirarse a ese mar frío y bravo en el que su vida corre peligro. Estas personas sienten que mueren si se quedan solas, y tiene todo el sentido del mundo.

Las personas con herida de abandono se muestran muy dependientes y, si lo necesitan, pueden usar el rol de víctima para despertar la compasión del otro y pedir su atención. Pueden decir eso de «Todo me pasa a mí, siempre me abandonan, nadie me entiende» porque es así como tantas veces se han sentido. Además, pueden mostrarse muy complacientes para evitar el abandono. En suma, cuentan con un termómetro supersensible al rechazo. La mínima expresión de desacuerdo que tengas con ellas activa su herida, lo que las hace vivir en una sensación de peligro constante.

¿Cómo se sana la herida de abandono?

Para sanar esa herida de abandono, necesitas resignificar la soledad y darte cuenta de que ya no eres una niña indefensa. Has de ser consciente de que hay vínculos que te ofrecen presencia sin que tengas que hacer nada y que se mantienen a lo largo del tiempo. Relaciones de amor incondicionales: este es el contexto ideal para reescribir tu identidad y sentirte una persona querible.

Me van a abandonar →
Me quedo en vínculos que se mantienen sin que yo tenga que hacer nada especial

Herida de humillación

La herida de humillación aparece cuando la persona ha sido vejada, avergonzada, ridiculizada y controlada a cambio de que cubran sus necesidades emocionales básicas. De niñas han podido ser expuestas por su cuerpo y su comportamiento, y convertirse en objeto de la crítica de los adultos por necesitar demasiado o ser muy intensas. Han crecido con mensajes como «¡Qué pesada eres!», «¡Qué torpe!», «¡Con ese carácter, nadie te va a querer!», «¡Eres una egoísta!», «¡Qué ridícula eres, hija!», «¡Qué vergüenza!», «¡Si es que eres tonta!»…

Estas niñas sienten el peligro de ser rechazadas y la punzada en el corazón al recibir críticas de donde lo normal sería recibir afecto y cariño. Se acaban rechazando, ocultan sus necesidades, piensan que son débiles y que, si lo demuestran, recibirán críticas y mofa, así que se van haciendo pequeñitas, se repliegan e intentan ocultarse. Acaban creyendo que ese es el trato que merecen. Son personas para las que no existen banderas rojas de este tipo, y no salen de relaciones en las que las tratan mal porque han aprendido que merecen ser castigadas. También les cuesta mucho recibir halagos o ayuda.

¿Cuál es la tirita de la herida de humillación?

Para no sentir vergüenza, se ponen la tirita del autosabotaje y no se exponen. Temen hablar en público y más aún hablar de sí mismas. Sienten que no son importantes y que exponerse conlleva el rechazo y la humillación. Además, cargan en exceso con las responsabilidades de los demás, no marcan límites y les cuesta mucho negarse a algo. Se anulan, tanto a ellas como sus necesidades, por las que se autocritican, y piensan que si las atienden son egoístas y personas con muy poco valor y valores, así que las obvian y se ponen al servicio de las de los demás. Se castigan por sus logros o por estar felices, y sienten una profunda culpa. De alguna forma, se rigen por el pensamiento de «Si no molesto y sirvo mucho, no me humillarán».

¿Cómo se sana la herida de humillación?

Sanar esta herida pasa por que reconecten con su valor y recuperen la dignidad porque, de alguna manera, sienten que se la han arrebatado. Te hicieran lo que te hicieran, nunca dejaste de ser digna, aunque ahora no puedas sentirlo ni creerlo. Es lo que tiene el trauma: acabas instalando en tu identidad que eres un trozo de mierda porque así te trataron. Pero recuerda que nunca dejaste de ser una niña que merecía amor por el mero hecho de existir. Nadie te quitó la dignidad, no se puede. Y, claro, empeñarse en que te devuelvan algo que no te han quitado es como buscar fuera de casa la bufanda que no has sacado.

Esta herida requiere mucho trabajo interno de identidad, dejar de autocastigarse, sanar la culpa aprendida y aprender a expresarse sin miedo al ridículo.

Soy una mierda →
Que no me trataran bien no significa que no lo merezca

Herida de traición

La herida de traición surge cuando se rompe la confianza del niño hacia el cuidador. Ocurre porque este ha roto promesas o ha expuesto al niño a experiencias que lo han hecho sentirse traicionado emocional o físicamente. Por ejemplo, asegurarle «Pasaré a buscarte» y no aparecer, presenciar infidelidades que afectaron a la dinámica familiar, tener padres que dicen una cosa y hacen otra…

Estos niños crecen con una sensación de pérdida de control y de que todo puede estallar en cualquier momento. De adultos desean amar y ser amados, pero el miedo a la traición los lleva a protegerse tanto que acaban sintiéndose solos. La desconfianza lo envuelve todo y necesitan constantes pruebas de amor.

Cuando veo a estas personas en consulta, me resulta inevitable dibujar en mi mente la imagen de alguien que intenta fregar las olas del mar y mantener seca la arena. Quieren arreglar lo que ocurre, tener el control, pero no se le pueden poner puertas al mar…

¿Cuál es la tirita de la herida de traición?

Las personas con esta herida se aferran al control. Pueden parecer fuertes, independientes, seguras y líderes, pero en el fondo hay una inseguridad enorme en ellas por pensar que, si confían, volverán a hacerles daño.

Mantenerse a salvo es estar hipervigilantes, ser controladoras y demandar pruebas de lealtad constantes para que no las hieran. Les cuesta perdonar pequeñas deslealtades porque atentan contra lo más profundo de su ser. De esta manera, la criba que aplican para relacionarse con los demás es muy estricta, y pueden acabar sintiéndose solas y pensando que los otros siempre las van a traicionar.

¿Cómo se sana la herida de traición?

Para sanar la herida de traición tienen que reconstruir la confianza en los demás, pero también en ellas mismas, y aceptar que no todo se puede controlar. Han de dejar la fregona, pasear por la orilla y sentir las olas en los pies. Unas veces les parecerá agradable y otras el agua estará congelada o muy caliente, pero entonces deberán tomar conciencia de que pueden no pasear por esa orilla si no les apetece. No tendrán el control del mar, pero siempre les quedará la opción de no pasear por allí. Es necesario que conecten con la vulnerabilidad y vean que pueden cuidarla y atenderla.

Si tienes esta herida, es necesario que tomes conciencia

de en qué momento y quién te la hizo, que repares el daño de esas traiciones, te ofrezcas ahora lo que tanto necesitaste en ese momento, revises las creencias que tienes sobre el compromiso y averigües qué le pides a quién. Está bien esperar lealtad de los demás, pero hay que poner las cosas en una balanza y darles el valor que tienen. Que el panadero hable mal de ti no supone un peligro; si el pan está bueno, aprovéchate del pan. Si te enfadas con una amiga porque una vez no se portó bien contigo, recuerda que todos los momentos buenos siguen ahí, no se han ido a ninguna parte.

Nadie me quiere tanto como para no traicionarme →
Hay gente que me va a traicionar y en eso no
reside mi valor

Herida de injusticia

La herida de injusticia aparece cuando el niño siente que no puede ser él mismo. Suele darse en entornos muy exigentes o fríos emocionalmente, donde se valora más lo que tiene que ser que la autenticidad o el sentir. Esta herida es característica en hijos de padres autoritarios, rígidos o muy exigentes, donde el rendimiento escolar y la consecución de logros estaba por encima del bienestar emocional. Estos entornos se convierten en un contexto en el que no hay reconocimiento ni validación emocional.

De esta manera, el niño crece pensando que, para ser fuerte, tiene que hacer lo que se le pide, y salir de ahí es ser débil o incorrecto.

Estas personas se muestran distantes en las relaciones, tienen una coraza emocional porque sienten que, si se muestran frágiles, pierden valor. Siempre se exigen hacerlo todo bien y esperan lo mismo de sus parejas, a quienes les exigen hasta invadir su identidad: «Yo doy el cien por cien, ¿por qué tú no?». También les cuesta recibir amor sin dar nada a cambio. No acaban de creerse que el otro los pueda querer porque sí.

¿Cuál es la tirita de la herida de injusticia?

Para evitar tocar la herida de no ser aceptado tal y como es, el niño se pone una tirita y se convierte en un adulto muy rígido, cumplidor y exigente. Son personas que llevan el perfeccionismo al extremo y que se exigen tanto a sí mismas como a los demás. Tienen el foco en lo correcto, lo justo y lo planificado. Se rigen por el «Si soy perfecto, nadie podrá juzgarme o exigirme más». Pueden parecer duras, pero protegen una sensibilidad muy profunda.

¿Cómo se sana la herida de injusticia?

Para sanar esta herida, necesitas reconectar con tu parte emocional y flexible, abrazar la imperfección y descubrir que puedes ser amada porque sí, sin hacer nada, incluso cuando te equivocas. Necesitas aceptar que lo que viviste no fue justo y que es probable que esas personas no lo vayan a reparar jamás. Quizá esta situación vivida hace que en las relaciones conectes muy fácilmente con el «me lo debe» y te desborde un sentimiento de injusticia difícil de controlar. La toma de conciencia sobre lo que viviste y la compasión contigo misma regularán las emociones pasadas para que en el presente haya más dosis de presente que de pasado. En suma, trabajar sobre el mecanismo de funcionamiento interno «me lo debe» te dejará llevar esa energía a otros lugares. Además de aceptar que por desgracia el mundo también es injusto. Está bien luchar contra las injusticias, pero permanecer siempre en este estado es desgastante para tu sistema.

La vida me trata mal →
La vida es injusta, pero me pongo en lugares que son amables conmigo

Las heridas emocionales recogen experiencias pasadas comunes que tienen eco en la vida adulta. Espero que en estas líneas hayas podido explicarte por qué te sientes como te sientes en diferentes situaciones.

- ¿Con qué herida te has sentido más identificada: rechazo, abandono, humillación, traición o injusticia?

- ¿Qué experiencia de tu infancia te hizo esta herida?
- ¿Qué tiritas has intentado poner hasta ahora?
- ¿Te han funcionado?
- ¿Qué es lo que realmente necesita esta herida?

TERCERA PARTE

Cuando las heridas vienen de nuestra familia

7

Herida materna y paterna

He dedicado tantos capítulos al apego porque las experiencias infantiles, cuando el cerebro está madurando, son determinantes. Todo aquello que faltó o lo malo que ocurrió deja huella en su desarrollo para siempre. Además, la visión que tenemos de nosotras, de los demás y del mundo queda determinada para siempre si no existe un trabajo consciente que haga que nos planteemos si lo que pensamos de nosotras y de los demás es cierto, si esto forma parte de nuestras creencias o viene provocado por las experiencias cuestionables que vivimos en la infancia. En definitiva, si somos adultas que nos miramos a nosotras mismas, a los demás y al mundo o seguimos siendo aquellos ojos de niña que se veían a sí mismas y al mundo a través de los ojos de la mamá que les tocó.

Ninguna familia es perfecta ni todas son lo suficientemente buenas. De hecho, hay sistemas familiares muy, pero que muy, tóxicos. No se trata de buscar culpables ni de quemar a nadie en la hoguera, sino de dar sentido al vacío, al dolor, al miedo y a la vergüenza que se sembró en la infancia y que aún habita dentro de ti. Si a lo largo de estas líneas te sientes identificada, quiero que sepas que no estás sola: muchas mujeres se sienten como tú. Eso de «La familia es la familia», «Una madre es una madre», «Hay que perdonar, pelillos a la mar» son grandes mentiras que aquí no tendrán cabida. En este capítulo pondremos sobre la mesa aquello que has tenido que vivir y el dolor que aún te llena el pecho, a pesar de todos los años que han pasado. Espero que en estas líneas puedas sentirte vista, sentida y comprendida.

Por otro lado, si te sientes identificada con alguno de los patrones disfuncionales que te voy a presentar, quiero decirte que nadie es perfecto, que todo el mundo la caga alguna vez y que estoy segura de que en ese momento estabas actuando lo mejor que podías con lo que sabías. Todas tenemos nuestras luchas, nuestras batallas, y esto puede hacer que, de vez en cuando, derrapes o incluso choques de frente y te estampes. Qué bonito es que puedas tomar conciencia de tus errores y comprenderte... Pero no te quedes ahí: repara, pide perdón, busca ayuda y date la oportunidad de volver a vincularte desde otro lado. Los vínculos seguros no son perfectos. Son los que se reparan.

Voy a separar la herida materna y la paterna según las experiencias que conozco, pero es importante que sepas que los daños pueden llegar tanto de un progenitor como del otro.

La herida de la madre criticona: «No soy suficiente»

Cuando Cristina llegó a mi consulta, vi dolor en sus ojos. Era como un corderito asustado que me decía con la mirada «No me hagas daño». Por extraordinario que parezca, uno de los motivos de su visita era que quería dejar de ir a degüello cuando respondía a los comentarios inadecuados de la gente.

¿Te acuerdas del cerebro triuno? Pues sin duda pensé que Cristina tenía un cerebro reptiliano muy grande. Vivía con miedo y, cuando respondía, lo hacía defendiéndose. Es decir, o no se vinculaba y se quedaba poco activa, tomando un papel secundario, o respondía a la amenaza como un resorte, yendo donde duele (aunque durante las sesiones vimos que solo estaba poniendo límites). Decía cosas como «Tengo dos manos», «Tú también podrías ser funcionaria, estudia unas oposiciones»…

Como ya he comentado, el cerebro reptiliano es el que se desarrolla antes, y solo si se dan las condiciones óptimas vamos alcanzando los siguientes niveles de desarrollo: el límbico y la corteza cerebral. De este modo, puedes llegar a la conclusión de que la herida de Cristina se formó durante la infancia.

En consulta tomé nota mental de mis primeras impresiones y conclusiones, pero, como en todos los procesos, busqué el motivo principal por el cual la persona que tenía delante necesitaba mi ayuda, o sea, qué experiencia actual había fundido los plomos de su cerebro.

Indefensión y ataque → Cerebro triuno hiperactivado → Situación de peligro desconocida que hay que regular

Cristina me contó que, tras varias intervenciones ginecológicas, el médico le había dicho que no podría quedarse embarazada. Después de recibir la noticia, tuvo que quedarse sentada en un banco; las lágrimas y la pena que sintió en el cuerpo le impedían caminar. Cuando le pregunté qué pensaba de ella en ese momento, me dijo: «No valgo». Y, ojo, está claro que es una experiencia muy dura y que muchas personas podrían llegar a la conclusión de «Mi cuerpo ya no puede engendrar vida», pero su «No valgo» era mucho más profundo y general que eso. Parecía una confirmación, una profecía autocumplida.

Entonces le propuse que, partiendo de esa imagen, emoción y creencia, cogiera el tren de su vida y fuera hacia atrás en el tiempo, hasta la primera vez que sintió que no valía… Y, *voilà!*, empezó a contarme:

—Tenía diez años y hacía ballet clásico. Un día íbamos en el coche y mi madre me dijo que, de todos, yo era la que peor lo había hecho.

Guau. ¿Te imaginas cómo se siente una niña a la que su madre, después de una competición que han visto cientos de personas, le dice eso? ¿Puedes ponerte en su lugar? Imagínate que tienes una mamá cuya tónica general es decirte lo mal que lo haces, lo mal que vistes, lo que te cuesta estudiar... Actúas delante de un montón de personas y lo haces peor que el resto, y lo que ve todo el mundo es justo eso, que no vales. Y, cuando por fin subes al coche, te dice: «Todos lo han hecho mejor que tú, tú eres la peor». Date treinta segundos para sentirlo en el cuerpo y responde a estas preguntas:

- ¿Dónde lo sientes?
- ¿Esa sensación es familiar para ti?
- ¿A qué te recuerda esa sensación?
- ¿Qué haces al sentirla: la cuidas, la rechazas o la empujas hacia abajo?

Ante la crítica de una madre, lo primero que siente una niña es miedo al rechazo, el abismo de estar sola emocionalmente. Lo siguiente es la vergüenza de haber hecho las cosas mal, sea así o no. Una niña no se plantea que quizá su mamá no tenga razón, solo asiente. Esa crítica cala en su suelo, y luego piensa que se merece la crítica por haberlo hecho mal. De esta manera, su cerebro se entrena para recibir críticas, no halagos.

¿Qué tiritas ponemos al «No soy suficiente»?

La tirita que las niñas usan para tapar la herida que le provoca que sus madres las critiquen son:

- **Esconderse.** Estas niñas se convierten en adultas que ocupan un segundo, tercer o cuarto plano, que les da miedo intervenir en las reuniones porque han aprendido que lo que dicen o hacen no es adecuado y que el único camino que tienen para no recibir críticas es ocultarse. No ser vistas las mantiene a salvo.
- **Responder atacando o poniéndose a la defensiva.** Estos cerebros adultos han aprendido que solo son dignos de crítica, y siempre pensarán mal de lo que ocurre a su alrededor. Tenderán a creer que están hablando mal de ellas o que la gente tiene una opinión negativa de su persona. De este modo, siempre están en alerta. Cuando intervengan, lo harán a la defensiva o con torpeza, porque no lo hacen desde la espontaneidad y la calma, sino desde la presión interna y el miedo al rechazo. Desde este prisma, cuando vuelvan a hacerlo percibirán que son tremendamente inadecuadas, lo que retroalimenta la idea de que no valen.
- **Esforzarse y machacarse hasta conseguir la perfección.** Caen en la trampa de pensar «Si soy perfecta, no podrán criticarme», y se machacan en cualquier tarea pensando que no son suficientemente

buenas. Se meten en el bucle de trabajar y conseguir la perfección, pero da igual lo mucho que se esfuercen: vuelven a recibir de su madre el «Esto no está bien (o lo suficientemente bien)».

- **Cuestionarse.** Las personas que han crecido con este tipo de mamás criticonas y trauma relacional suelen acabar asumiendo que hay algo mal en ellas. De esta manera, cuestionan sus preferencias o las conclusiones a las que llegan porque eso es lo que han recibido de mamá.
  - «Me da miedo irme a dormir y, como lo que recibo de mamá es el mensaje de que soy la niña más mema del mundo, en vez de tener compañía cariñosa, acabo creyendo que los demás niños no tienen miedo. No debería sentirme así, siento mal. Es mejor que esconda mis emociones, me avergüenzo de mí».
  - «No quiero ir a la excursión, me dicen que soy muy pesada». El sistema familiar no será lo suficientemente sensible para observar qué lleva a esa niña a no querer ir a la excursión (problemas de socialización, no querer dejar a mamá sola por situaciones de violencia de género…) y tomar medidas con el colegio y con la niña que realmente la protejan.

De este modo, aprenden a cuestionar su criterio y sus sensaciones. Llegan a la conclusión de que no piensan ni sienten bien. Por tanto, pueden permanecer en relaciones de abuso culpándose e intentando averiguar qué es lo que hacen mal. No tienen la capacidad de crear una historia con lo que han vivido o con cómo se sienten, ni tampoco de defenderse ante la vida. Para hacer eso habrían necesitado a una mamá que lo hubiera hecho por ellas, en vez de haberlas cuestionado.

¿Cuál es el cuidado que necesita esta herida?

Tienes que recuperar tu valía, cambiar ese autodiálogo y vincularte con alguien que no te critique, sino que te admire tal y como eres.

Recuperar la valía es muy difícil… Has confirmado tantas veces que no eres válida que empezar a cuestionártelo es todo un éxito. Mirar a esa niña como algo valioso es nuevo para el cerebro. Para recuperar la valía, debes viajar hasta los recuerdos de momentos en que aprendías cuál es tu valor y que la adulta que eres empiece a mirar el que ahora tiene para esa niña. Ver lo valiente que era cuando participaba en un concurso, la constancia en los entrenamientos y lo fuerte que, por desgracia, tuvo que ser mientras escuchaba los comentarios de su madre. Darte cuenta de que quizá hablaban de las inseguridades o la desaprobación que esa mamá tenía hacia ella misma y que a lo mejor le impedían ver el esfuerzo, la dedicación y la valentía de la niña que fuiste.

Al final, a pesar de todo, ¿quién te ha traído hasta aquí?

Solo tú. Y si has vivido esta historia de bombardeo a tu autoestima, tiene mucho valor. Después de esto, y mientras tanto, toca que empieces a modificar el autodiálogo con el que te cuentas las cosas y quién eres. Los niños son como esponjas, aprenden a hablarse como les hablaron. Puede que te pilles dedicándote esas palabras que tanto daño te hicieron en cualquier momento del día. Por ejemplo, se te cae el tenedor fuera del cesto del lavavajillas y te dices: «Joder, soy corta». Es automático. O que participes en un grupo diciendo algo sin importancia y te machaques recordándote la tontería que has dicho, como te reafirma la cara que ha puesto no sé quién. Porque, por supuesto, estas adultas tienen un termómetro hipersensible para captar cualquier mueca de desaprobación o rechazo y, lejos de pensar que son cosas suyas, lo integran y vuelven a repetírselo para confirmar lo inadecuado y la poca valía de sus comentarios.

Cambiar nuestro autodiálogo requiere de un trabajo consciente gracias al cual, poco a poco, podamos darnos cuenta de todo lo malo que nos decimos y lo cambiemos por otros mensajes que sembremos. Para ver que no nos hablamos bien, seguramente necesitaremos la ayuda de un profesional y rodearnos de gente que rechace con determinación que nos dirijamos a nosotras de ese modo y que nos refuerce diciendo «Pero no te insultes», «Cielo, no te hables así»… De ese modo aprenderemos a tratarnos bien y aumentaremos nuestra valía.

Después de todo esto, o mientras tanto, toca valorar y

elegir con quién nos relacionamos, ver quién nos trata con amor, con quién podemos bajar nuestras defensas, con quién no nos tenemos que esconder, incluso cuando la cagamos. Darnos cuenta de quién nos mira con admiración, nos trata como nos gustaría que nos hubieran tratado siempre, y alimentar estos vínculos. Además, debemos correr el riesgo de dejar de alimentar otros vínculos que siguen escarbando en la herida y que nos hacen sentir poco valiosas. Es duro, porque muchas veces estos vínculos forman parte de nuestras relaciones. De alguna manera, hemos aprendido que merecemos que nos traten así, y aceptamos que se salten una y otra vez nuestros límites, con la esperanza de que algún día sean diferentes con nosotras, se den cuenta de que somos valiosas, que merecemos que nos traten de otra forma y que nos den el valor que tanto deseamos. *Spoiler*, eso no ocurrirá. Como hemos visto, el sistema de apego nos mantiene intentando ganar la aprobación de un tiburón si hace falta, mientras nos cuenta que conseguirlo del tiburón es más guay que lograrlo de un pez payaso.

Cuando eres mayor, la persona de la que tienes que ganarte el cariño (mamá, papá…) no viene impuesta. Rodéate de personas con la suficiente inteligencia emocional como para que te respeten. Hay algunas con las que no te tienes que ganar tu valía porque ya te tratan como el ser valioso que eres. Ahí está el verdadero cicatrizante de tu herida.

Tras hacer este trabajo, tu mirada habrá cambiado: ya

no verás el condicionamiento fisiológico o la crítica externa como un hecho que demuestra tu poca valía. Lo sentirás como una putada con la que tienes que lidiar, pero entenderás que no define tu valor. Detente unos minutos y observa si algo dentro de ti se ha movido al escuchar la historia de Cristina.

- ¿Hay algo que te resulte familiar?
- ¿Compartís alguna tirita?
- ¿Te escondes, te machacas, te exiges ser perfecta o respondes como un resorte?
- ¿Qué experiencias te faltaron o te sobraron en tu infancia para llegar a estas conductas?
- ¿Qué puedes hacer hoy por ti?

La herida de la madre sobreprotectora: «No soy capaz»

Ana llegó a mi consulta y me dijo que lo estaba pasando muy mal porque no daba abasto en el trabajo, pues sentía una angustia tremenda cuando se enfrentaba a su lista de tareas pendientes. Al explorar esa angustia, vimos que también se activaba en otros momentos, como cuando se atrevía a coger el coche.

Tenía delante a una adulta que entraba en pánico ante la exploración, ante las cosas nuevas o aquellas que no controlaba. La fase de exploración debía estar relacionada con el apego: «¿Qué hacía mamá cuando gateabas para coger la pelota?». De esta manera, la exploración queda ligada a la adquisición de la movilidad y la independencia, habilidades que permiten al bebé conocer el mundo: reptar, gatear, caminar… nos permiten coger cosas que antes quedaban fuera de nuestro alcance. Por ejemplo, bajar las escaleras, saltar, conocer el mundo y probar nuevas sensaciones, descubrir texturas, colores, sabores…, pero también caernos y darnos un golpetazo, comer algo e intoxicarnos y otro millón de cosas.

La mirada de mamá que nos acompaña en nuestras primeras exploraciones nos muestra el nivel de seguridad que nos ofrece el mundo. Podemos tener una mamá que nos acompañe con una mirada dulce y una sonrisa calmada, incluso que nos dé la mano para ayudarnos a llegar más lejos y que nos marque límites claros. A través de su compañía, aprendemos que el mundo es un lugar seguro, que podemos pedir ayuda y que explorar es divertido. En el punto opuesto tendremos otros dos tipos de mamá: la que no mira a su hijo cuando explora y dice «Si se cae, que se caiga», y la que piensa que su hijo es de vidrio templado. El hijo al que acompaña una mamá que no mira —típica del apego evitativo— no se sentirá seguro explorando, porque carecerá de la referencia de la cara de su madre para saber si el mundo es seguro o no, pero además sabrá que no cuenta con su ayuda si se cae: «Venga, no llores, que no ha sido nada». En el polo opuesto está la mamá preocupadísima por si su hijo se mata cuando baja un escalón o se intoxica y muere si no se lava las manos inmediatamente. Los niños acompañados por madres que los miran asustadas aprenden que el mundo es un lugar peligroso y que no tienen las habilidades necesarias para explorar (que, por otro lado, seguro que serán sus propias creencias y limitaciones). Son mamás que acompañan con mensajes como «Te vas a abrir la cabeza», «Cuidado, que te caes», «No te fíes de nadie»… Por último, hay otro tipo de mamá que penaliza la exploración, critica y amenaza con desaparecer. Es la más perjudicial para el niño —«Si te vas, no vuelvas», «Como te caigas, encima te ganarás una torta»…—, pues no encuentra seguridad cerca de su madre y aprende que alejarse de ella es tocar el vacío y que encima no hay vuelta atrás.

Durante la sesión con Ana, sospeché que no había tenido una mamá que le ofreciera seguridad. Tomé notas, pero busqué la causa que la había traído a la consulta. Después de hablar de las limitaciones que sentía, escogimos la que más le molestaba porque la hacía depender de que la fueran a buscar: el coche. «Me monto en el coche y empiezo a temblar, es que siento miedo de cagarla y morirme», me dijo Ana, bastante nerviosa. Con esa sensación de miedo en el cuerpo, al recordar ese momento pese a estar sentada conmigo en la consulta, viajamos hasta la primera vez que la sintió.

—Tenía siete años. Mis amigas empezaban a llevar la bici sin ruedines, y le pedí a mi padre que me enseñara a montar. Pero mi madre saltó de repente: «¡Pero estás loca! Es peligrosísimo, por menos de nada te abres la cabeza».

Ana abrió mucho los ojos, supongo que hizo como su mamá al decirle esa frase e inyectarle el miedo a morir por hacer cosas que estaban haciendo sus amigas sin peligro de muerte, a pesar de tener heridas en las rodillas y haberse caído más de una vez. A través de la comparación, Ana aprendió que las demás tenían capacidades de las que ella carecía y que lo seguro era no plantearse esas cosas. Entonces dijo:

—Es que no lo entiendo, Silvia. Con mi hermano no ha sido así.

Guau. ¿Qué le hace a una mamá cortar la exploración de uno de sus hijos y del otro no? ¿Qué había sido diferente?

Ojo, antes de seguir, quiero hacer una aclaración importante: cada hijo tiene una madre, aunque biológicamente sea la misma. Toda persona cambia siempre, además de que hay algunos aspectos que influyen en cómo será la relación madre e hijo en cada caso:

- **El momento y la naturaleza del embarazo.** No es lo mismo quedarse embarazada de un niño buscadísimo, casi con la habitación y la ropita preparada el primer mes, que un embarazo que viene de sopetón, sin que la mujer esté segura de que quiere ser mamá. No es lo mismo un embarazo sin complicaciones médicas que uno en el que, con el bebé en el vientre, le dicen a la madre que lo más prudente es que no se haga ilusiones porque quizá no llegue a buen puerto… Tampoco es lo mismo quedarse embarazada tras interrupciones involuntarias del embarazo o no. Si has vivido estas pérdidas, quizá te enfrentes al embarazo con más miedos e inseguridades sobre la capacidad de tu cuerpo y tengas muy en cuenta los posibles escenarios catastróficos a los que tendrás que enfrentarte.

- **El lugar que ocupas entre los hijos.** Las mamás primerizas suelen estar menos seguras, más asustadas, se sienten más perdidas, se encuentran con problemas nuevos o, al menos, generan posibles soluciones más novedosas que con los siguientes bebés.

- **Simpatía o asimpatía temperamental con el bebé.** El temperamento es la parte biológica de la personalidad, y los bebés ya vienen con el suyo. Unos se adaptan mejor, son simpáticos y más tranquilos, mientras que otros son cambiantes y les cuesta adaptarse al ritmo. Sus características interaccionan con el temperamento de mamá, de modo que puede darse la simpatía con el pequeño o todo lo contrario.

- **Factores contextuales.** Lo fácil o difícil que haya sido la conciliación laboral, la ayuda familiar o la falta de ella, el momento económico, la cercanía de otras mamás…

- …

Entonces le dije a Ana:

—¿Qué es lo que hace que mamá tenga miedo de que tú te mueras?

Ana se quedó en silencio unos segundos, en ese estado en el que hay matemáticas en los ojos de los pacientes y su cuerpo convulsiona ligeramente mientras ponen en palabras un gran descubrimiento:

—¡Ostras, Silvia! No te lo vas a creer, pero, cuando mi madre estaba embarazada, tuvo que ser ingresada un par de semanas porque yo era muy pequeñita y me iba a morir, y poco después de nacer me ingresaron porque me encontraron una anomalía en el riñón. Es como si, desde pequeña, me hubiera dicho «No tienes que morirte».

Da igual si se lo dijo su mamá o fue su sensación, porque eran una. ¿Te imaginas a esa mamá muerta de miedo al pensar que podía perder a su bebé? ¿O a esa bebé recibiendo la sensación de mamá por perderla y exigiéndose hacer lo mínimo posible, moverse solo para ir al baño para intentar salvar su vida?

¿Qué tiritas ponemos al «No soy capaz»?

Ana aprendió a asustarse, a creer que no era capaz de asegurarse la vida y a esconderse para que los demás no se dieran cuenta de eso para socializar. Los síntomas son:

- **Asustarse.** Ana creció con una brujita Avería interna que no paraba de presentarle todos los escenarios catastróficos que podrían darse si se atrevía a conducir, patinar, coger la bici, viajar sola, comprarse una olla exprés… Esta brujita, que puede que naciera tanto en ella como en su madre durante el ingreso de esta en el hospital, quizá le salvara la vida. Pero también es cierto que en el presente la limitaba a la hora de hacer cosas que le apetecían, vivir con calma el trabajo y aprender nuevas tareas. Fue valiosísima, pero merece saber que Ana es una adulta llena de capacidades y habilidades que puede enfrentarse a lo que venga.

- **Sentir que no puede, que no es capaz.** Después de asustarse lo suficiente, una parte de su cerebro le recordaba que no era capaz de hacer lo mismo que las otras niñas: aprender a ir sin ruedines o, en la actualidad, conducir. Una niña que crece creyendo que no es capaz, al final deja de serlo. Esto, en psicología, se conoce como «profecía autocumplida», y tiene que ver con que algo que no es real en el presente puede acabar siéndolo si nos lo recordamos una y otra vez y actuamos en consecuencia. Una niña que no se quita los ruedines, que no juega en el recreo porque «Eso no es lo mío», no prueba deportes nuevos para no lesionarse, no se compra una olla exprés para no morir en una explosión, no viaja para que no la secuestren o se caiga el avión, no pasea por el monte para que no haya una tormenta que la mate… realmente, y por desgracia, acaba siendo incapaz de todo. Por lo general, en la historia ha habido diferencias de género respecto a cómo las mamás y los papás acompañaban a sus hijos a la hora de explorar. Siempre se ha tratado a las niñas como si fueran seres más frágiles, más torpes, y se las ha premiado si se quedaban cerca del núcleo familiar —quizá porque, desde pequeñas, tienen el rol de posible cuidadora en el caso de que se las necesite—, mientras que a los niños se les premian las conductas de exploración, y sus juguetes están relacionados con la locomoción y los descubrimientos. Esto, sin duda, puede explicar la frecuencia más alta del miedo a conducir entre mujeres que entre hombres. Las primeras interacciones respecto a cómo somos mirados cuando exploramos dibujan nuestras sensaciones referentes a cómo nos sentimos al hacerlo como adultas.

- **Esconderse.** Como ha aprendido que los demás tienen más habilidades que ella, Ana decide que lo mejor es esconderse para no exponerse y que los otros se den cuenta de que tiene habilidades inferiores. Este mecanismo se va desarrollando y fortaleciéndose, pero uno de los momentos en que es más frecuente se da cuando se eligen grupos en el colegio y la niña se queda en último lugar. «Formemos grupos» es una frase que activa en muchas personas el miedo al rechazo y que este sea visible y quede expuesto delante de toda la clase. Ves que van escogiendo a los más capaces y seguros mientras tú te quedas ahí. Confirmas que tú no puedes, que esta dotación defectuosa te hace no elegible. Por tanto, aprendes a esconderte y prefieres desaparecer que enfrentarte a esa situación tan difícil.

Para un momentito y pregúntate:

- ¿Qué sabes del embarazo de tu madre?
- ¿Qué condiciones os rodeaban cuando llegaste al mundo?
- ¿Has sentido diferencias entre tú y tus hermanos?
- ¿Qué hacía tu madre cuando te ponías a explorar?
- ¿Qué profecía has autocumplido?
- ¿Has sentido que no eres capaz de hacer algo?
- ¿Qué tiritas ha usado tu cuerpo para protegerte?

¿Cuál es el cuidado que necesita esta herida?

La herida de no ser capaz y de haber tenido una mamá sobreprotectora necesita que entiendas el porqué de estas conclusiones. Y, después, explorar un poquito, ver que no pasa nada, incluso que lo puedes disfrutar. Y, después, un poquito más y darte cuenta de que, si pasa, te puedes defender. Tienes que asumir que no eres un trocito de cristal que se rompe o un conejito asustado en la curva de una carretera de noche al que le dan las largas. Necesitas comprobar poco a poco que el mundo es un lugar en el que puedes vivir aventuras y sentirte capaz de afrontar las dificultades que vengan.

Te invito a escuchar esta canción que es un poquito de terapia: *Valientes de sofá*, de Paula Mattheus.

La herida de la madre emocionalmente ausente: «No soy importante»

Hay madres que, de puertas para fuera, pueden parecer de lo más normales: llevan a la niña al colegio, tienen las tareas hechas y la ropa limpia, y cubren todas sus necesidades físicas —que no las básicas, porque no solo son básicas las físicas—. Sin embargo, han estado emocionalmente ausentes para sus hijas. La ausencia emocional deja a las niñas con un profundo vacío en el centro de su ser, además de provocarles una gran confusión, porque en su interior tienen un montón de sensaciones a las que nadie nunca les ha puesto nombre. Lo único que les transmiten es «Yo te lo he dado todo», «Con lo mucho que me esfuerzo por ti y encima te quejas»... Y quizá sea así, pero eso, querida amiga, no es todo lo que necesita una niña. Esta falta de comprensión sobre sí misma, unida a los reproches de su mamá como respuesta al malestar que han podido experimentar, hacen que se sienta sola y viva con grandes dosis de culpa, vergüenza y preocupación por ser tan inadecuada y no encajar. Todo se convierte en un maremágnum inasumible porque las sensaciones no tienen nombre.

Esto es lo que muchas veces me encuentro detrás de casos que llegan con un «Lo tengo todo para ser feliz y no lo soy» por bandera. Puedes tener el trabajo de tus sueños, la casa de tus sueños, la pareja de tus sueños, que, si has sido criada por una madre ausente a nivel emocional, no lo tienes todo. Dentro de ti habita una sensación de vacío y confusión por carencia de contacto físico en forma de achuchones, caricias y palabras de afirmación durante la infancia.

Lucía vino a mi consulta porque estaba conociendo a un chico. Me comentó que, cuando no le contestaba a los mensajes, o si se iba durante una discusión y la dejaba con la palabra en la boca, perdía los estribos, su cerebro se ponía a mil y tenía pensamientos y preguntas que la aceleraban aún más: «¿Por qué no me contesta?», «¿Por qué no me lo dice?», «¿Por qué se va?». La poseían el enfado, la ansiedad y el miedo, y empezaba a temblar, a escribirle mensajes y a llamarlo sin control: «Necesito que me diga algo y no puedo parar».

Yo la escuchaba, la miraba y pensaba en sus palabras «Necesito que me diga algo y no puedo parar». Lucía no necesitaba nada de ese chico (que además tenía una capacidad emocional muy limitada), pero ella lo sentía así. Tal era su necesidad que, literalmente, perdía el control de su ser y no podía hacer otra cosa que no fuera buscar su respuesta. Me estaba hablando de abandono emocional, de que caía por un abismo cuando tocaba la soledad y se dispara su sistema de alarma. Cuando caes por un precipicio, gritas y tienes miedo, no te pones a pensar «Mmm, debería no haber dado el último paso, quizá si caigo en un río pueda nadar hasta la orilla, si peso equis kilos, teniendo en cuenta que la distancia hasta el suelo será de unos doscientos metros, llegaré en tantos segundos… ¿Qué pensará Lola del cambio climático?». No, solo gritas, y no hay nada que te distraiga mientras caes al vacío. Pero no era el abandono presente el que se despertaba en ella cuando actuaba de ese modo, porque la intensidad emocional con la que lo vivía no era coherente. De hecho, técnicamente, a una adulta no se la puede abandonar. Tú abandonas a un niño que necesita tus cuidados para sobrevivir. Lucía me estaba diciendo que ese chico le despertaba en el presente las sensaciones que le provocaron las necesidades emocionales no cubiertas en el pasado.

En psicología llamamos a este momento «disparador». Es una experiencia actual que en principio no debería ser perturbadora, pero lo es porque activa memorias pasadas. Es más, quizá una persona con padres emocionalmente presentes, ante la falta de respuesta de alguien a quien está conociendo, diga: «Este tío no me interesa, puedo pasar con él un rato lúdico-festivo y punto», «Uf, qué limitado es, el pobre, me da pereza» o «Chao, pescao». Pero recuerda que Lucía no podía pensar mientras caía por el precipicio.

Le pedí que me dijera qué palabras describían lo que

pensaba de ella cuando él estaba en línea y no le contestaba, y me dijo: «Pues que no soy importante». Las emociones que sentía eran tristeza y rabia, y las notaba en el pecho, los dientes y las manos. El enfado es una emoción que activa, que se expande, pero el miedo suele bloquearla mientras sentimos muchas cosas. Con todos los ingredientes de ese momento hicimos un viaje al pasado y llegamos a cuando tenía cinco años. A Lucía le costaba dormir, pero sus padres se encerraban en la habitación y le decían: «Ahí te quedas, apáñatelas».

¿Te imaginas cómo se sentía esa niñita de cinco años, sola, a oscuras, sin saber dormirse y pensando que pedir ayuda era molestar y ser demasiado intensa? Es el miedo a no poder dormir, a que pasen las horas o a que entre un ladrón —o un cocodrilo o un monstruo— y no poder pedir ayuda porque lo que recibirá es un rechazo y una crítica voraz, a no sentirse importante para sus padres. Es saber que las personas que podrían calmarla decidieron no hacerlo y dejarla sola. En esa situación, solo le quedó hacer como si no pasara nada, intentar negar su miedo y empezar a dudar de sí misma. Esta es la semillita para empezar a silenciar lo que nos pasa y nos convierte en carne de cañón, supervulnerables a vivir y nos mantiene en diferentes tipos de abusos. Vivimos cosas que no contamos porque nos decimos que no son tan importantes, lo que nos impide pedir ayuda y ver la salida.

En la actualidad, con su pareja se le despertaban el sufrimiento y la soledad. Ella sabía que él estaba ahí, en línea, que podía contestarle y salvarla, pero decidía no hacerlo. Ese miedo que sintió —el abandono, el rechazo, la sensación de ser inadecuada— se estaba activando en el presente y la obligaba a demandar la atención con la esperanza de que en esa ocasión la vieran y la hicieran sentir importante. El resultado fue que empezase a cuestionarse si eso que había sentido era real, o, por el contrario, era una exagerada por demandar que le contesten o que no la dejasen con la palabra en la boca durante las discusiones.

Lucía además me contó otras situaciones de la adolescencia en que sus amigas empezaron a quedar sin avisarla y ella les pidió explicaciones, aunque le negaron lo ocurrido. Esos momentos alimentaban el recurso de cuestionarse por qué lo que sentía estaba mal.

¿Qué tiritas ponemos al «No soy importante»?

La que se puso Lucía fue demandar ser importante. Ser importante es algo que, con unos padres suficientemente buenos, lo llevas puesto. Te tratan como a alguien importante, se toman tu vida como hechos importantes, te preguntan qué has hecho, cómo te sientes, quiénes son tus amiguitos… y llegas a la conclusión de que eres importante. Pero si tus padres han estado emocionalmente ausentes, tus emociones no han existido para ellos, por lo tanto, no las han tratado como si lo fueran. Y si no te trataron como a un ser importante, llegaste a la conclusión de que no lo eres. Una persona es importante por el mero hecho de ser humana, no hay nada que tenga que hacer.

Cierra los ojos e imagínate a la niña de cinco años que fuiste. ¿Hay algo que tenga que hacer para ser importante? La respuesta correcta es «No», sin grises. Sin embargo, si creciste con unos padres que no te hicieron sentir así, quizá no lo lleves puesto y pienses que ser importante es algo que te otorgan los demás, o que hayas asumido que no lo eres, tú no, que hay algo en ti que hace que no lo seas. Una posible tirita que te puedes poner es exigir a los demás que te traten como si lo fueras, porque lo necesitas para sentirlo un poquito, ya que no lo llevas puesto. Eso hace que te quedes en relaciones en las que no te tratan como si lo fueras, confiando en que al final cambien su comportamiento hacia ti —que, en el fondo, es el mismo bucle que deseaste con tus padres—, sin caer en la cuenta de que ese cambio no se tiene que producir fuera, sino dentro.

- **Me exijo:** Estas exigencias no suelen ser solo para fuera; también pueden venir acompañadas de una exigencia voraz hacia una misma. En el intento de dejar de no ser importantes, algunas mujeres se exigen hasta la saciedad. Suelen tener éxito profesional, cuidan su imagen, son buenas anfitrionas, las mejores en lo que se propongan…, pero no lo hacen con gusto, sino con una exigencia interna que esconde la esperanza de ser importantes para fuera. Además, esta autoexigencia está relacionada con sentir finalmente bien, ser adecuadas para dentro. Estas niñas aprendieron que sus necesidades no estaban bien, y ese cuestionarse llevaba implícito sentir de otro modo, como el resto de las personas, sin darse cuenta de que quizá no tenían la misma sensibilidad que ellas. No sabían identificar las emociones igual de bien, percibirlas, observar las que quizá sintieran los demás… y, por lo tanto, no aprendieron a sostener las suyas sin criticarlas y juzgarlas. Es como ser negro en un entorno racista o mujer en uno machista. Acabas pensando que lo malo está en ti, intentas cambiarte, sin conseguirlo. El problema está en haber comprado el discurso de un entorno disfuncional y mantenerte en él intentando encajar.

¿Cuál es el cuidado que necesita esta herida?

La herida de no soy importante necesita recuperar la valía interna. Necesita que revises las memorias en las que llegaste a esta conclusión y puedas darle una mirada adulta. Esa niña que fuiste necesita ser mirada con compasión y ternura por la adulta que eres hoy y recibir tu aceptación y admiración. Si llegaste a la idea de que no eras importante fue porque te trataron de este modo, pero que te trataran así no hizo que dejarás de ser importante.

La herida de la madre que cuestiona: «Soy inferior»

Isabel llegó a la consulta porque estaba convencida de que su expareja, Jorge, le había sido infiel con Marta, la persona con la que mantenía una relación en ese momento. Sabía que era mejor dejarlo pasar, pues no era asunto suyo, pero se había quedado enganchada en demostrar lo que estaba ocurriendo y que no eran imaginaciones suyas, que no estaba loca. Cada vez que los veía juntos, le hervía la sangre. No podía evitar sentir que la furia le subiera por la garganta ni tampoco escribir a Jorge, que volvía a negar todo. De nuevo, comenzaba a dudar de sí misma, a pesar de tener pruebas más que suficientes para confirmar que estaba en lo cierto.

Yo la observaba y veía una mujer en sus cabales que no decía nada bizarro, sin antecedentes de delirios ni alucinaciones. Sin embargo, necesitaba demostrar que no estaba loca y ver que yo la creía, que su verdad era cierta y suficiente.

Jorge e Isabel se habían conocido porque compartían cuadrilla de amigos y caseta en las fiestas de su ciudad. Un día ella vio que la nueva pareja de su novio lo llevaba a la caseta en coche y lo dejaba a un par de manzanas de distancia para que nadie los descubriera (entre otras pruebas). Empezamos a trabajar con la imagen que más la movía: Jorge saliendo del coche de Marta con una gran sonrisa. Al hacerlo, ella conectaba con la creencia de ser inferior, lo que le producía una gran sensación de incredulidad en el pecho. Hicimos el viaje hacia atrás y llegamos a dos momentos de su vida: su madre diciéndole «Mira a tu hermano, qué notas saca», a los ocho años, y ella llamando a una amiga que la estaba dejando de lado por otra a los diez.

A través de las palabras de su madre comparándola con su hermano, la Isabel de ocho años aprendió que era inferior, que había pruebas de que era peor que su hermano y que su madre tenía más motivos para querer, sentirse orgullosa y elegirlo a él antes que a ella. ¿Puedes imaginarte lo chiquitita que se hace una niña cuando se da cuenta de lo que hay implícito en estas palabras? Cuando empezamos a trabajar sobre ese recuerdo, fueron saliendo las emociones de miedo, rechazo, inferioridad, injusticia… Pero, en un momento dado, Isabel dijo:

—Claro, Silvia, yo tenía que demostrar y demostrar y demostrar. —Isabel puso cara de sorpresa y siguió—: Y demostrar y demostrar que sí soy suficiente, como ahora.

Poco después, en la etapa en que el grupo de iguales empieza a tomar un papel protagonista en el desarrollo psicosocial de las niñas, que dejan de necesitar a mamá y papá para sobrevivir, Isabel comenzó a ir a baloncesto con su gran amiga Teresa, pero esta decidió sustituirla por una amiguita nueva que le mentía y le decía que Isabel la criticaba. Cuando mi paciente niña volvía a casa, llamaba preocupada a su amiga para desmentirle todo lo que la otra le había dicho, pero un día su madre la oyó mientras hablaba por teléfono y, en vez de escucharla, le recriminó: «Algo habrás hecho». En ese momento, Isabel no solo recibió el rechazo de su amiga después de una mentira, sino el de su madre, que volvía a cuestionarla, de modo que también ella comenzó a dudar de si su cabeza pensaba bien o no, y se planteó que quizá todo el mundo estaba en lo cierto.

Hay algo más traumático que el trauma: quedarse sola después. Da igual de lo que estemos hablando: *bullying*, abuso sexual, rechazo o humillación materna, abandono paterno… Si hay algo que deja más huella que el hecho traumático en sí, es quedarse sola después. La soledad nos deja caer en el vacío en silencio y sin posibilidad de recibir ayuda. Deja que nos machaquen nuestros fantasmas internos, que nos repiten «Te lo mereces», «Debería darte vergüenza», «Es mejor que esto no lo compartas jamás, porque te tratarán como lo hicieron entonces o te mirarán con rechazo por lo ocurrido». De este modo, pasamos a ocultar quiénes somos para que la gente no se dé cuenta de que merecemos ser miradas con desprecio. El dolor y las creencias negativas sobre nosotras mismas quedan enquistados en algún rincón del cerebro sin la posibilidad de ser regulados, echando raíces e invadiéndolo todo. El dolor que no se regula crece, y la lucha por evitarlo y esconderlo cada vez es más potente en nuestro interior.

Por eso es tan importante que seas bien acompañada, que te ofrezcan comentarios que te validen, que te den un abrazo, que alguien resuene contigo emocionalmente y que se acuerde de la profesión de la prima de quien te hizo daño… Que apriete ese grano de pus, deje que salga fuera e impida que la infección se quede y crezca en tu interior mientras te avergüenzas por tenerla y luchas por hacer ver que no la tienes.

¿Qué tiritas ponemos al «Soy inferior»?

Para una niña, sentirse inferior o menos querida que su hermano es inasumible, y pronto diseña estrategias para intentar ser, al menos, igual de querida que él. No importa si su mamá los quiere del mismo modo; si la niña interpreta que es menos querida, su cerebro desarrollará estrategias para que perciban que es igual de valiosa que su hermano y salvarse. Desde niña, Isabel siempre intentó esforzarse por sacar mejores notas, tener su habitación más recogida y ser más buena que su hermano, y así ganarse el amor de mamá. En definitiva, esta herida puede regularse con un esfuerzo superlativo para demostrar, demostrar y demostrar que no lo es.

- **Tengo que demostrar:** Tener que demostrar tu valía hace que te esfuerces e intentes conseguir algo que ya tienes, pero no te lo crees. La trampa es que ningún esfuerzo es suficiente para sanar la herida de «Soy inferior»: éxito laboral, una familia que te quiere, encajar en los cánones de belleza… porque no es tu juicio el que te mira, sino el de la persona que te hizo pensar que no lo eras y tu cerebro se quedó congelado ahí. Ese es el juicio que, de forma inconsciente, buscas en potenciales parejas que te hacen sentir así con el objetivo ferviente de que cambien de opinión y te salves. Por eso, cuanto más inferior te hacen sentir, más enganchada te quedas a la necesidad de demostrar que no lo eres. Tu sistema no puede limitarse a decir: «Este es idiota, no me merece», eso no va contigo. Cuando esa persona te hace sentir de ese modo, tu cerebro alberga la esperanza de que esa herida se cure, y no puede parar: tus emociones y tu pasado te juegan una mala pasada, y aunque racionalmente sabes que ahí no es, no puedes dejar de demostrar y demostrar y demostrar. Eso que aprendiste a hacer con las notas, al contar la mejor anécdota, al ser buena en algún deporte, se pone en marcha de adulta, y tienes que demostrar que eres válida para que se queden contigo. Ves que eres una mujer independiente, inteligente, interesante, pero aun así sientes que hay algo dentro de ti que no va bien (y lo hay, ese mecanismo te juega una mala pasada). Pero la cura no es que esa persona te elija, sino que te des cuenta de que nunca fuiste inferior a nadie, aunque fueras más bajita, más fea, más gorda, con peores notas o si tus dibujos eran menos bonitos. La niña que fuiste era única, tenía atributos y cualidades preciosas, dignas de ser admiradas. Pero, ya lo dijo Einstein, no podemos juzgar a un pez por su capacidad de aprender a volar, porque, si no, crecerá creyendo que es un completo inútil.

Si Teresa le hubiese preguntado a Isabel en vez de cuestionarla, si su mamá le hubiera dicho: «¡Qué mala esa niña, y qué tonta Teresa por creerla! ¿Hacemos algo, cariño?» en vez de ponerla en tela de juicio, hubiera aprendido que lo que sentía era coherente con la realidad. A pesar de que su amiga hubiera actuado como lo hizo, el apoyo de su madre le hubiese grabado a fuego en su cerebro el mensaje de: «Aunque otras personas me lo niegan, no implica que lo que siento no sea real. Que otros me nieguen las cosas no tacha la verdad». Pero, como no fue así, Isabel aprendió a cuestionarse a sí misma: «¿Estaré loca?», «¿Seré una exagerada?», «¿Lo que digo es así?», «¿Me he pasado?», «¿Realmente dije eso?», «¿Serán imaginaciones mías?»… Allí donde podría haber habido seguridad en sí misma y tranquilidad, crecieron un montón de dudas que pusieron en jaque su propia credibilidad.

¿Cuál es el cuidado que necesita esta herida?

Para cicatrizar la herida de «Soy inferior», hay que entender los parches que se han puesto, es decir, observarlos y retirar las falsas cicatrices: «Tener que demostrar y cuestionarse a una misma duele». Supone detener la vorágine mental dedicada a no notar la herida y pararnos a sentir todo el dolor que supone que evitan. Para darte cuenta de que no eres inferior, tienes que sentir el dolor de haber creído serlo. Irónico, ¿verdad? Has de ver que las personas que te acompañaron y te juzgaron tenían pocas capacidades para entender cómo te podían hacer sentir sus comentarios.

La mentalización es la capacidad de imaginar los estados mentales de los demás y los nuestros. Es observar y entender cómo funciona la mente y cómo puede estar funcionando la de la otra persona: «Está enfadada, quizá le ha molestado algo que he hecho», «Está triste, seguro que necesita un abrazo». Es esperable que esta capacidad esté desarrollada a los seis años. Hay niñas que, a esa edad, ya han superado la edad emocional de sus padres y tienen una mentalización superior a la de ellos. Esta experiencia es muy desconcertante: «Doy por hecho que mamá y papá me leen, que sus comentarios pretenden cuidarme y protegerme; sin embargo, me hacen daño».

Empiezas a sentir que eres inadecuada, que no encajas, que no entiendes nada, y comienzas a cuestionarte a ti misma y tu forma de pensar, porque ningún niño de seis años cuestiona a sus padres; de eso se encargan el sistema motivacional del apego y la vulnerabilidad y las necesidades de los niños. No te cabe en la cabeza imaginar que tus padres no tengan la capacidad de leer tus emociones, de modo que empiezas a cuestionarte a ti misma —«¿Estaré sintiendo bien?», «¿Es lógico llorar o molestarse por esto?»— o a hacerte comentarios hirientes —«Soy imbécil si esto me molesta», «Soy una floja, una niñata…»—. Estos mecanismos te permiten agarrarte a la esperanza de que, si cambias, tus padres te querrán, reafirman que hay algo malo en ti y que, si lo arreglas, al final te querrán. Tienes la esperanza de que te traten con amor, aunque no lo muestran por una razón desconocida para ti, así que intentas adivinarla leyéndoles y haciendo esfuerzos ingentes para comportarte como quieren, alejándote de tu esencia de niña, o te convences de que forma parte de una estrategia de disciplina y que es por tu bien, pero aún no lo entiendes.

Puede que pasen muchos años hasta que te des cuenta de que tus padres tuvieron una mentalización justita, que los superaste a muy temprana edad y que toca reescribir tu historia bajo este prisma. Que no había intención ni reflexión para ayudarte o hacerte daño; simplemente, no había nada. Puede que hayas renegado de tu capacidad de mentalizar, que tus padres la hayan criticado o te hayan juzgado por ser demasiado sensible o ver problemas donde no los hay (para ellos no los hay…). Esta capacidad de percibir y entender estados mentales ha puesto en jaque tu sistema de apego, te ha hecho no encajar entre quienes no la tenían…, pero seguro que te ha llevado a lugares muy bonitos. A pesar de todo, es tu tesoro. Ojalá ya te hayas dado cuenta o estas líneas te estén ayudando a hacer conexiones y ponerte en camino de descubrirlo.

Si este párrafo te ha movido, te propongo el siguiente ejercicio: busca una situación de tu infancia en la que te sintieras confundida por lo que hacían tus padres y responde a estas preguntas:

- ¿Cuántos años tenías?
- ¿A qué edad superaste la inteligencia emocional de tus padres?
- ¿A qué edad te diste cuenta de que habías superado la capacidad emocional de tus padres?
- ¿Quién tiene menos mentalización?

Una mentalización escasa por parte de tus padres puede llevarte a intentar demostrar y nunca leer en ellos lo que esperas. De hecho, demostrar y ver en ti tanta capacidad puede abrumarlos o despertar en ellos algunas heridas. Tu sensibilidad detectará su incomodidad, que rápidamente te atribuirás. Los niños poseen además un sesgo egocéntrico que les dice: «Lo que pasa es por mí». De esta manera creerás que no has sido suficiente para papá o mamá, que no se ha sentido contento y orgulloso con eso que has hecho, y al instante te pondrás a trabajar. Un papá o una mamá con poca mentalización jamás podrá identificar lo que está pasando en el cerebro de su hijo, así que se iniciará un bucle de necesidad de demostrar y de incomodidad agotador y sin fin para el niño.

Por desgracia, esto deriva en el siguiente mecanismo: «Me cuestionan, me cuestiono. Si mamá no se ha puesto tan contenta como yo esperaba, si no leo la misma situación como ella, hay algo que va mal dentro de mí. Si ella es la persona con experiencia y confiable que me tiene que hablar del mundo y yo lo interpreto mal, algo dentro de mí no funciona bien… Me cuestiono».

De nuevo, la cura a esa herida pasa por reescribir la historia: observarla, sentirla y darle una nueva lectura desde la adulta que eres hoy.

La herida de la madre que no te ve: «No existo»

La soledad emocional en la infancia es la experiencia profunda de no existir. En este hecho residen multitud de necesidades emocionales no cubiertas: sentirse vista, escuchada y comprendida, cuya falta de resolución pone en riesgo la consecución de diferentes hitos en el desarrollo de la personalidad, como la formación del autoconcepto, estrechamente relacionado con la autoestima. Puedes identificar la soledad emocional en la infancia en el presente como una incomodidad en el cuerpo constante que no identificas bien, pero quieres que pase, porque nadie la mira ni le pone palabras ni la cuida.

Noemí llegó a mi consulta porque no sabía si quería seguir con su pareja.

—No sé, Silvia, a veces saco fuerza y cargó con todo, de la casa, de nuestra hija…, e intento simplemente disfrutar del tiempo que él está en casa. Pero otras veces el malestar que siento es tan grande que no puedo salir de la cama.

Noemí estaba oscilando entre «poder con todo» en el que se hacía cargo de lo que le correspondía y de lo que no para que la relación funcionara y un «me salvas o me muero» en el que sentía una necesidad profunda de conexión que la mantenía en un bucle.

El mecanismo poder con todo resulta peligroso porque aparentemente quizá nos guíe hacia lo que queremos, que la relación funcione, pero tiene un coste grande:

Agotamiento físico y emocional que nos va a llevar a la necesidad imperiosa de que alguien nos cuide, y si la relación funciona por nuestro sobreesfuerzo, con seguridad vamos a tener una pareja que no nos cuida de manera consistente y, en este círculo, se va a dinamitar nuestra autoestima mientras se subraya la creencia de que no mereces ser cuidada.

Relación no funciona → tiro con todo → desgaste físico emocional → estoy mal, necesito que me cuides → me doy cuenta de que

Responsabilidad de que la relación funcione. Si tienes que poder con todo para que te quieran, en el momento que dejes de poder harás frente a una gran sensación de fracaso. Todos los recursos que has puesto no han sido suficientes para que te quiera.

—¿Qué pasaría si no pudieras con todo?

—Que la relación no funcionaría.

—¿Y entonces?

—Me quedaría sola.

—¿Qué sería lo más duro para ti?

—Estar en casa y la casa vacía.

—¿Cuándo estar en casa y la casa vacía ha sido insoportable para ti?

—Cuando era pequeña… mis padres trabajaban mucho y pasaba mucho tiempo en casa sola.

Ya tenemos aquí el meollo de la cuestión, la necesidad de Noemí que no fue cubierta y que aún habita en sus entrañas intentando satisfacerse. El mecanismo poder con todo salvaguarda que Noemí experimente el sentimiento de soledad que conlleva la ruptura, que está directamente hilado con la soledad de su infancia. Pero también nos habla de lo que Noemí había tenido que hacer para sentirse vista y tener la compañía de mamá y papá: poder con todo. Y cuando tú intentas hacer todo para que algo funcione es, en realidad, porque nada funciona: ser una niña que quiere jugar, ser buena estudiante, pintar, cuidar de la hermanita… pruebas y pruebas, pero nada funciona, por eso sigues probando y probando… Y esta necesidad no cubierta de no ser vista se cronifica bajo la pregunta de ¿qué tengo que hacer para que te quedes conmigo?, a la que el sistema intenta constantemente dar respuesta. Esto se convierte en un caldo de cultivo peligroso para formarse la autoestima. Tomo nota. Pero no es hasta tiempo más tarde cuando Noemí llega y me dice:

—Estuve cenando con mis amigas y todas se pidieron de postre tarta y yo… no pude.

—¿Por qué? —le pregunté.

Ella ya sabe que mis preguntas no buscan verdades ni hechos empíricos. Conozco a mujeres con gran éxito laboral que no se sienten suficientes, a otras que han hecho frente y solventado situaciones difíciles que se sienten flojuchas o a personas que han sufrido abusos sexuales y aún se sienten culpables (si hubiera salido media hora antes...).

—Porque si me como la tarta me pondré supergorda.

—Ajam. —La acompaño con su sentencia.

—Si me pongo gorda no seré suficiente.

Tatatachán. Aquí teníamos cómo Noemí había aprendido a sentirse valiosa y querida a través de un cuerpo delgado.

—¿Cuándo aprendiste eso? Viaja hacia atrás en el tiempo. Dedícale unos minutitos.

—De adolescente. Yo era una niña normal, un poquito empollona… pero pasaba desapercibida. Hasta que un día en el instituto me puse unas mallas y una camiseta. Yo había adelgazado y todos los chicos empezaron a mirarme. Nadie antes me había hecho caso y de repente, ¡boom!

¿Qué tiritas ponemos al «No existo»?

Si esta es nuestra creencia central, nos engancharemos a cualquier cosa que nos haga existir. De esta manera esta adolescente sintió por primera vez que había una forma eficaz de tener la atención de otros: tener un cuerpo delgado. Por fin pudo sentir la euforia de tener eso que llevaba tanto tiempo buscando: sentirse vista. Sin saber que ese momento iba a ser un punto de inflexión en su vida volviéndose esclava de aquello que ella creía que la hacía valiosa: tener un cuerpo delgado, y alrededor de eso giraba su autoestima. Relaciones posteriores le enseñaron que en su valor estaba ser buena persona, inteligente, agradable, sincera y que pesar unos kilos más o unos menos no definían su valor. Como tampoco lo hacía que un chico la eligiera. Sin embargo, en el presente aquí aparecía la patita de aquello que aprendió: estar delgada para que me elijan, y abría una nueva línea de trabajo en el proceso terapéutico.

Cada trastorno de la conducta alimentaria (TCA) está sostenido por una historia de vida diferente y el proceso psicoterapéutico a realizar es único. En la clínica se observa que los TCA por restricción de alimentos están relacionados con lo que no pasó, mientras que los de los trastornos de sobreingesta de alimentos tiene que ver con lo que pasó, pero no debería haber pasado. La restricción tiene que ver con el intento de controlar o negar la necesidad, mientras que la compulsión suele estar relacionada con el intento de regular o calmar lo insoportable. Pero de alguna manera la comida se convierte en un modo de canalizar el mundo emocional por la falta de posibilidades que ofrece el contexto para hacerlo de una forma evitativa.

Los atracones por lo general tienen que ver con el intento de llenar un vacío o dejar de sentir algo que sientes. La sangre en el estómago y el chute de nutrientes cambia nuestro estado emocional de forma pasajera, luego vuelve a venir y después de un atracón lo suele hacer además con dosis de culpa, vergüenza y dolor de tripa que nos dejan casillas más atrás que donde nos encontrábamos antes y, si la manera de «regularnos» que tenemos es la comida, nos metemos en un bucle horrible. Además, los alimentos que se consumen en un atracón no suelen ser fortuitos y es que, como digo muchas veces, el cerebro no da puntada sin hilo. Los alimentos que se consumen suelen ser hidratos de carbono o chocolates, estrechamente relacionados con una etapa evolutiva, la infancia. Lo que nos puede estar hablando del momento en el que se originaron estos problemas emocionales que aún cohabitan en tu cuerpo. O pueden ser alimentos calentitos que te recuerden a aquella figura reguladora que te daba algo que en ese instante no tienes.

¿Cuántos cigarros se fuman para matar el aburrimiento? ¿Atracones de *reels* para matar la desesperanza? ¿Tardes de deporte extremo para aumentar la autoestima? ¿Juegos y apuestas para evitar la soledad?...

¿Cuál es el cuidado que necesita esta herida?

Una mamá y un papá sensibles y responsivos con las emociones del niño hubieran sido unos buenos cimientos desde los que construir la autoestima y la regulación emocional. La mejor medicina preventiva para los caminos nocivos de evitación emocional y construcción de la autoestima a partir del elogio externo. Es importante tomar conciencia sobre todo lo que nos ha faltado para llegar a la conclusión de que no existimos y poder darnos lo que necesitamos ahora. Quizá ya no es que nos lean un cuento, jueguen animados a algo que nos gusté o nos dejen elegir la actividad en la que nos apuntamos. Pero sí es poder dejarnos descubrir un libro que nos gusta, darnos el permiso de ser espontáneas, apuntarnos a alguna actividad por la tarde… permitirnos descubrir quiénes somos al hacer cosas nuevas y explorar lo que sí y lo que no nos gusta.

La herida del padre castigador: «Merezco que me castiguen»

Cuando Claudia entró en mi consulta estaba muy malita. Había llegado a la conclusión de que morir era la única forma de librarse del dolor y había intentado quitarse la vida en cuatro ocasiones. La última, apenas unas semanas antes. Además, presentaba un amplio repertorio de enfermedades que habían ido apareciendo en la historia de su vida.

Las somatizaciones son emociones retenidas que se expresan a través de dolencias físicas. La mente y el cuerpo están íntimamente relacionados a través de los nervios, el cableado que viaja por el cuerpo. Por ejemplo, el nervio vago va del tronco del encéfalo al abdomen, pasando por la garganta, los pulmones, el estómago y los intestinos, y por eso en muchos casos las emociones son liberadas a través de él. Si hemos vivido una historia en la que conseguimos recuperar la calma, este nervio estará en forma y funcionará bien, y nuestros órganos también lo harán. En cambio, si el nervio vago ha sufrido y no está a tono, los órganos nos darán señales de que tenemos tareas pendientes. Si en la historia de nuestra vida hemos vivido emociones que no fuimos capaces de poner en palabras, no han podido ser escuchadas, no hemos compartido…, se quedan a vivir en el cuerpo para siempre. Los síntomas toman formas que hablan por sí mismas. En consulta he visto:

- Agujeros en el pecho que hablan de ausencia de amor.
- Retortijones en la tripa que revelan situaciones terroríficas difíciles de asumir.
- Nudos en la garganta que son palabras no dichas.
- Jaquecas que son sobrepensamientos.
- Brazos congelados que hablan de experiencias en las que tenían que estar muy quietitos y ocupar poco espacio.
- Sarpullidos en el cuerpo que expresan rabia contenida.
- Parálisis en las piernas que la persona mantiene (y mantuvo) cuando llega a lugares en los que no quiere estar.
- Llanto incontrolable de personas a las que no se les permitió llorar.

En su caso, Claudia padecía una enfermedad que la había dejado casi sorda. Ella me decía que no podía aguantar más descalificativos y vejaciones, y sentía tanto dolor y fatiga en el cuerpo que en ocasiones no podía levantarse de la cama, como le pasaba cuando, de pequeña, la castigaban después de pegarle.

No me voy a extender en cómo funcionan las somatizaciones porque es un tema muy complejo y en el que no soy experta, pero partamos de que las emociones están en el cuerpo, que el cerebro no da puntada sin hilo y que la experiencia, como siempre, va por delante de la investigación. Si te interesa este tema, encontrarás más información en libros como *El cuerpo tiene memoria*, de Natalia Seijo, o *El cuerpo lleva la cuenta*, de Bessel van der Kolk.

El cuerpo depende de los estímulos que lo rodean: aprende a disfrutar poniéndose blandito ante las caricias y a hincharse de orgullo y defenderse del dolor, ya sea luchando, tensando los músculos o desconectándose y dejando de sentir o sintiendo solo hormigueo. Al cuerpo de Claudia no le quedó más remedio que decantarse por esta última opción. Así, oscilaba entre el sentimiento de dolor y el cese del sentimiento y la percepción. Y dejar de sentir es muy parecido a estar muerta. El cuerpo dice que no puede con tanto dolor y se desconecta. La experiencia es angustiante, y ante ella puede haber diferentes conductas: hacerse daño (autolesiones) en un intento de volver a sentir, controlar el dolor o llegar a tener pensamientos relacionados con la muerte como la única forma real de salir de ahí.

Como terapeuta, empezar a navegar en ese cerebro y ese cuerpo no fue fácil: había un montón de sustos, experiencias adversas y malos remedios. Si te lo imaginas un poquito, acabarás empatizando con la conclusión de Claudia: «La única forma de escapar del dolor es morirse». Es fácil perderse entre tanto dolor y acabar tan asustada como la paciente. Por eso, en este caso es aún más importante seguir la espina que orienta todo el proceso: qué la trajo a mi consulta. Ese era el hilo del que debía tirar, ver qué era lo que en ese momento fundía los plomos de su cerebro. Para todo lo demás, habría tiempo. Pues bien, lo que la trajo fue que en el hospital en el que trabajaba como supervisora de planta había habido un abuso y a ella, desde Dirección, no le permitieron hacer nada. Ese hecho, por tanto, no tuvo consecuencias, y esa situación la llevó a desconectarse del trabajo: se quedaba dormida y ya había tenido una baja laboral y un intento de suicidio.

Cuando una persona ha sufrido tanto, no es casualidad que haya profesionalizado sus cuidados y se dedique a paliar el sufrimiento de los demás, ya trabaje en la rama sanitaria (médicos, enfermeras, psicólogas...) o participe en causas benéficas y ONG con la esperanza de quitarse el dolor propio.

No te voy a mentir, hasta que pudimos empezar a trabajar con sus recuerdos pasaron unos meses en que nos centramos en la regulación emocional y la conexión con emociones positivas, e instalamos una rutina de autocuidado para entender su cuerpo y sus necesidades.

Además, Claudia lidiaba otra lucha con su cuerpo: las memorias somáticas que se activaban en sus piernas y su vagina por los abusos sexuales consentidos que había sufrido en su primera relación. De esa manera, su cuerpo se activaba haciendo presente el pasado: el miedo la invadía y la superaba hasta que se desconectaba.

Los abusos sexuales consentidos son aquellas conductas sexuales que tienes sin deseo creyendo que es lo que debes hacer: sexo con conductas violentas, sentirte obligada a tener relaciones sin ganas por miedo a las consecuencias, porque no has aprendido a marcar límites, por una ausencia de educación sexual o, como en el caso de Claudia, porque creas que mereces ser castigada.

Si has estado en esta situación, quiero decirte que tú no elegiste hacer esto. Lo asumiste porque pensabas que era lo único que podías hacer. No tienes la culpa de lo que ocurrió. Lo hiciste lo mejor que pudiste con quien eras entonces. Mereces mirarte con cariño, respeto y compasión.

Con Claudia fuimos avanzando con la creencia firme de que de ahí se sale y de que el sufrimiento pasa. A veces, ese fin forma parte de una decisión: tienes suficientes motivos para estar deprimida toda la vida, pero llega un punto en que puedes elegir dejar espacio a otras cosas y disfrutar.

Si te han movido estas líneas, lo necesitas o te apetece, quiero que detengas la lectura y escuches esta canción que a mí me acaricia el alma: *La raíz*, de Valeria Castro.

Seguimos. Cuando íbamos al pasado, Claudia se bloqueaba en la experiencia del abuso sexual consentido, se asustaba, el miedo acorralaba el acceso al recuerdo y no nos dejaba trabajar. Por supuesto, no hay nada más reparador que respetar los límites de una persona a la que no le fueron respetados. Y si su cuerpo decía «Por ahí no», por ahí no. La validación, la comprensión y el trabajo abrieron la puerta por la que accedimos a sus emociones y a esa niña herida que nos imploraba ayuda.

Finalmente, conseguimos indagar en el tiempo y abrimos el RECUERDO en mayúsculas con el que su cuerpo estaba preparado para trabajar sin disociarse, entenderse, mirarse con amor, sostener y entender la culpa y su mundo emocional. Encontrarlo fue como hallar un tesoro valiosísimo, aún me emociono al escribirlo. Voy a usar palabras textuales de Claudia porque hay frases que son oro puro y no permiten ediciones.

—Tengo seis años, estoy en el sofá jugando y mi padre me mira con cara de mala hostia para que pare, perdonándome la vida, y me dice: «Estás castigada».

«Perdonándome la vida»… Jo-der. Quizá pienses que es casualidad, una forma de hablar. Qué decirte…, veo tantas «casualidades» que, si esto es de pura chiripa, vaya con la chiripa. A Claudia, su padre la castigaba por sistema, llegaba a acumular decenas de castigos. Cualquier cosa que hacía era buen motivo para privarla de su disfrute. De esta manera, aprendió que merecía ser castigada. Detente en esto. Había algo en ella que hacía que se lo mereciera, así como de raíz, de materia prima. Al conectar con ese recuerdo, ella sentía que la tristeza invadía su cuerpo. Pero, por fin, ya no sentía esas sensaciones somáticas del abuso sexual que no podía sostener con las cuales se desconectaba y no podíamos trabajar. Como te podrás imaginar, ese abuso sexual fue para Claudia uno más de los castigos, uno que creyó que se merecía, del que pensó que no podía salir, tal y como había aprendido de los castigos, las humillaciones y las descalificaciones de su padre.

¿Qué tiritas ponemos al «Merezco que me castiguen»?

Ser castigada una y otra vez en la infancia moldea tu identidad y determina cómo ves el mundo en la edad adulta. Que te castiguen por cómo eres, por lo que sientes y por lo que haces dibuja en tu identidad que hay algo malo en ti por lo que mereces ser castigada. Tu autoestima va rompiéndose con cada castigo y, con ella, la confianza en que los demás pueden aportarte amor y disfrute. Esto da lugar a diferentes emociones: la vergüenza de que estás mal y tienes que esconderte; las experiencias vividas; la rabia hacia los que te hicieron daño, también hacia ti, por ser como eres, y hacia los que no te defendieron; y la tristeza de ser poco valiosa, de que las cosas fueran y sean así. Aprender que mereces ser castigada te pone en lugares en los que te hacen daño, tu cuerpo queda preso del dolor —somatiza, enferma para seguir sintiéndolo…— y no deja entrar cosas buenas en el presente. Esa niña deseosa de amor queda atrapada bajo muchas emociones y mecanismos de protección.

Claudia creó este sistema de protección:

- **Soy mala, no soy valiosa, merezco que me castiguen:** su cerebro se moldeó para convencerla de que ese era el trato que se merecía, que debía hacer mejor las cosas y que todo era culpa suya por ser como es.
- **Voy con pies de plomo:** su cerebro aprendió a esconderse, ser invisible a que su presencia no se notara. De esta manera aprendió que podía evitar el único trato que ella merecía, los castigos.
- **Me machaco:** aprendió a tratarse como la trataban, machacándose. Así, le dejó de sorprender el trato que recibía, creyendo que esto era lo que merecía. Creerse esto la mantenía cerca de su figura de apego, que de alguna remota manera aseguraba su supervivencia cubriendo sus necesidades físicas básicas.

¿Cuál es el cuidado que necesita esta herida?

Cuando tienes un padre o una madre que te maltrata, o son los dos, puede que nadie te defienda, te saque de ahí, te entienda, te tome en serio. Nadie se mete, nadie te cree. Si lo explicas, te rechazan y te quedas sola. Lo único que puedes hacer es pensar que es normal y que tú eres la extraña. Sanar esta herida pasa por cambiar tu autodiálogo e identificar y cuestionarte la creencia «Merezco ser castigada». Por eso debes seguir estos dos pasos:

1. **Sanar tu autodiálogo.** Si fuiste expuesta a críticas y humillaciones, seguro que la forma en que te hablas tendrá mucho de esto. Nos hablamos como nos hablaron, de modo que una parte de ti nos repetirá aquellos mensajes que te hicieron tanto daño: «Eres idiota», «Otra vez con lo mismo», «Qué pesada eres», «Nadie te va a querer», «Eres insoportable»… Y convivir con una voz que te maltrata y con el autocastigo es demoledor. Quizá ya has marcado distancia con la persona que te trata así, o al menos ya no eres tan dependiente de ella… Si te la has comido y ahora vive en tu interior, puedes vomitarla, cogerla, meterla en una cajita y darle una patada que la mande tan lejos como puedas. Sí, ya sé que no es fácil. Es muy posible que te hables así sin darte cuenta. Si sientes que sola no puedes, pide ayuda. Mereces hablarte bien y tratarte con respeto.

2. **Marcar límites.** Si fuiste castigada por tus padres, no podías marcar límites, tuviste que aguantar órdenes y asumir humillaciones, quizá con la esperanza de que te quieran has seguido haciéndolo y te has quedado en relaciones en las que te trataban mal, pero, total, era lo normal para ti, ¿no? Pues

una vez que comienza el trabajo y te cuestionas está creencia, empiezas a dibujar que mereces que te traten de otra forma y marcas límites. Hacerlo no es fácil. Te das cuenta de que muchas personas estuvieron ahí porque los superaban, porque disfrutaban faltándote al respeto, porque no mentalizaban o porque tenían tan poca autoestima que debían joderle la vida a otro para sentirse mejor. Es cierto, existen. Pero, amiga, no tienes por qué quedarte a su lado. No mereces que te traten así. Sé que confiar en que hay otra cosa es como creer en los milagros, pero las personas bonitas existen, solo hay que dejarles hueco.

El precio que hay que pagar por no sanar la herida «Merezco que me castiguen» es alto. Al final, esta creencia te lleva a quedarte en lugares donde te hacen daño, a consentir abusos tras la creencia desadaptativa de que te los mereces.

La herida del padre ausente: «No soy importante, no existo»

Cuando conocí a Sandra estaba en una relación que la hacía muy infeliz, pero no podía salir de ahí. José, su pareja, tenía un problema con las apuestas: desaparecía durante días y no daba señales de vida. Había momentos en que la situación era aún peor porque se gastaba el dinero de los dos, la huida se prolongaba o rompía su promesa de mejorar. Entonces ella se enfadaba y lo dejaban, y se juraba y perjuraba que la relación se había acabado, pero, en cuanto él le pedía que lo perdonara, volvían a estar igual.

—¿Qué es lo que hace que lo intentes de nuevo? —le pregunté.

—Uf…, cuando vuelve siento que me quiere, que me necesita… Creo que puedo ayudarle a curarse y que al fin podremos tener una relación como al principio.

Tenía delante a una mujer que había idealizado un momento concreto y se aferraba a él, lo que le impedía almacenar nuevos recuerdos que no eran coherentes con la imagen idealizada que había creado su mente. Cuando hay idealización, debemos empezar por ahí. En caso contrario, tendremos un cerebro borracho de ese recuerdo y ciego a todos los demás.

La idealización es un fenómeno psicológico que se produce cuando se sobrestima o magnifica un momento bonito. Dejamos de ver al otro como es y empezamos a ver lo que necesitamos creer que es.

—¿Cuál es el momento del principio en el que más especial te sentiste?

Respondió enseguida.

—Pues fuimos al campo y, después de coger dos boletus, vimos la puesta de sol. Yo apoyada en él. Lloré de amor, menos mal que llevaba las gafas de sol. Por fin podía compartir con alguien lo que a mí me gustaba.

—Ajá. ¿Y cuáles son las palabras que describen tu creencia en esa imagen?

—Soy importante. Alguien me quiere, me elige, quiere estar conmigo… Buf, muero de amor si lo pienso.

A ver, a ver, a ver: una puesta de sol en la montaña con tu amorcito reciente le hincha el pecho a cualquiera, pero, pero, pero… no que se te caigan las creencias por ese momento de sentirte importante, querible y elegible. Esto responde a necesidades emocionales no cubiertas. Sandra hablaba de lo que le faltó —contacto («apoyada en él») y que se interesara por ella («compartir con alguien lo que a mí me gustaba»)—. Volvía a él porque en él albergaba la esperanza de ser importante, querible y elegible. Porque no lo llevaba puesto. Aunque desde su adultez supiera que esa relación no le iba bien, la esperanza de que mamá o papá la abrazaran, la acariciaran o se sentaran con ella en el sofá buscando complicidad con ella fue algo que nunca tuvo, por eso lo idealizaba, era un elixir al que no podía renunciar. Aunque solo recibiera unas gotitas cada seis meses, estaba dispuesta a hacer borrón y cuenta nueva con el resto. Porque eso era algo que no daba por supuesto, no creía que otras personas pudieran ofrecérselo.

Tomé buenas notas. Tenía delante a una mujer a la que le había faltado sentir el interés de otros por ella y mucho contacto físico, por lo que llegó a la conclusión de que no era importante. Además, se lleva mal consigo misma, porque, aunque sabía que debía salir de ahí, no podía, se abandonaba para no conectar con el dolor y volvía a abrir la herida del posible abandono que padeció por parte de sus progenitores. Esta guerra interna genera grandes dosis de sufrimiento, es como si dos partes de nosotras se odiaran e intentaran aniquilarse antes de conocerse o entenderse. La persona suele desconectarse de la parte de ella misma que quiere continuar en esa relación y parece no enterarse de que ahí no es, pero también de la parte que no quiere continuar, porque esa certeza del fin mata la última esperanza de ser querida. Cuando estamos en esta lucha solo nos queda usar un silenciador y poner nuestro foco atencional fuera.

Y…, *voilà!*, de eso Sandra sabía muchísimo. Cuando ahondamos en dónde aprendió a desconectar de sus necesidades y ponerse a arreglar las de los demás, tuvimos acceso directo a una niña que esperaba sola a que llegara su mamá muy cansada de trabajar y tenía que adivinar cómo podía contentarla para que pasara un rato con ella. Aprendió que, para ganarse la atención de su madre y ser buena, debía ver lo que ella necesitaba y dárselo. Sus necesidades jamás existieron. Nadie puso en palabras las sensaciones de esa niña. «¿Estás triste, cariño? Claro, es que mamá trabaja mucho, mucho, y no puede jugar contigo. ¿Quieres que hoy te lea un cuento? ¿Cómo te lo has pasado en el cole?». La Sandra niña aprendió que sus necesidades no existían y que estaba en el mundo para servir a otros.

Desde el inicio, mi trabajo no estaba orientado a la ruptura, pues no podía asumirla, sino a que Sandra fuera capaz de poner en palabras su historia y todas sus necesidades no vistas —aunque existieran—, de recordar todos los momentos en que sus emociones fueron vistas, aunque fuera solo un poco, aunque fuera por una amiga o una profesora, y grabar a fuego esa sensación. Después conectamos con los derechos de la niña que fue y con todas las cosas que no hubo. Dicho de otro modo: identificamos vacíos, tradujimos las sensaciones en palabras y llenamos lo que faltó. Nos enfrentamos a tres grandes abismos: que se asomase a lo que tantos esfuerzos hizo para evitar, que le diera sentido y que lo pusiera en palabras y lo compartiese. Y que se convenciera de que lo que había tratado de decirse toda la vida era mentira, que cuidarse no eran «paparruchadas que no van conmigo» ni tampoco bobadas, para que pudiese empezar a nutrir esos vacíos.

Y es que en la historia de Sandra había muchas ausencias: la ausencia física de su padre, que las abandonó a su madre y a ella antes de que cumpliera un año; la ausencia emocional de su mamá, que tuvo que deslomarse a trabajar para sacarlas adelante, aplastando las emociones relativas al abandono. Todos esos esfuerzos le impidieron mirarse y existir. La necesidad de tener a un hombre cerca que la cuidara y la eligiera seguía en su entraña, como también la necesidad de que la miraran y la atendieran. Desde esa niña herida era imposible dejar a una pareja que le daba unas gotitas de amor.

La ausencia emocional se refiere a la falta de conexión

afectiva, apoyo o implicación emocional de un padre o una madre en la vida de su hijo, con independencia de si hay ausencia física o no. Crecer con un padre ausente es como crecer con sed. La lógica y el mundo que te rodea te dicen que esa figura tiene que cubrir tus necesidades. Tanto si la ausencia es física como emocional, las niñas llegan a la conclusión de que en ellas hay características que las hacen abandonables, no elegibles o poco importantes. «¿Tan poco importante soy para él que me abandona?», «El resto es más importante que yo», «¿Qué tengo que hacer para que me quiera?».

¿Cómo puedes saber si tu padre fue un padre ausente?

- **Falta de escucha activa:** no mostraba interés por tus gustos, pensamientos o necesidades.
- **Falta de afecto y palabras de admiración:** es poco frecuente que haya contacto físico en forma de abrazos y besos o palabras de admiración.
- **Ausencia de conversaciones emocionales:** asumes a una temprana edad que no puedes hablar con tu padre de lo que te preocupa o entristece.

La conexión se da, si lo hace, camuflada en las tareas cotidianas y la resolución de quehaceres. Estos padres suelen haber tenido escasa o nula educación emocional y muchas carencias emocionales en la infancia. Además, también puede haber creencias culturales que sustentan su ausencia emocional —aquello de «Los hombres no lloran» o creencias similares— y la sobrecarga de trabajo fuera de casa, que a veces deja sin energía para atender la vida personal.

Esta ausencia tiene consecuencias en las hijas. Pueden ir de más a menos graves, según el grado de ausencia o del soporte emocional que hayan podido obtener en otros vínculos. Por ejemplo, quizá no tuviste un padre emocionalmente presente, pero sí una madre que te veía con creces, o unos abuelos que estuvieron muy pendientes de ti a los que les podías contar lo que te ocurría. A nivel de autoconcepto, las consecuencias oscilan entre el «No soy importante» y el «No existo». Es decir, como papá no me ve, llego a la conclusión de que no le importa lo que siento, y después concluyo que no soy importante. Sin embargo, si la ausencia ha sido muy grave, ha venido acompañada de negligencias en otros vínculos y tenemos una niña que no fue vista por mamá ni por papá, quizá de adulta no tenga claro que exista. ¿Recuerdas aquello del «Me ves, luego existo» del segundo capítulo?

¿Qué tiritas ponemos al «No soy importante, no existo»?

Esta sensación de no existir puede aparecer en consulta de diferentes formas:

- **Callo lo que necesito, mujeres silenciadas.** Desde una edad muy temprana, se dieron cuenta de que su opinión no era escuchada o de que molestaban («Cállate, niña, que estoy viendo la tele»). De ese modo, llegaron a la conclusión errónea de que su opinión no era importante. Y, ojito, que esto es una trampa del apego. A los seis años, una niña no puede asumir que su padre es un inútil, por lo que piensa que es ella la que no está bien, a la que le falta algo que la hace ser insuficiente o indigna de la atención de su papá. La niña necesita la atención de un adulto, es vulnerable y dependiente. Pensar que le falta algo le genera la esclavitud interna de demostrarlo o conseguirlo para recuperar lo que nunca dejó de ser: importante y suficiente. Llega a la conclusión de que tiene que trabajar duro para lograr su amor y no molestar, y no mostrar eso que reside en ella que la hace ser poco importante. Elige la callada por respuesta, el esfuerzo y no molestar para ser querida.

Son mujeres que llegan a la consulta y les cuesta poner en palabras su experiencia porque nadie las ha escuchado o, si lo han hecho, las han criticado. Se mantienen en relaciones en las que las tratan de una forma poco digna porque creen que es lo que se merecen. Piensan que están con ellas casi como si les hicieran un favor, que nadie las querrá ni las elegirá si las dejan. La idea que resuena en su cabeza de una forma más o menos consciente es la de «Si ni mi padre me eligió…». ¿Te has callado lo que te dolía por miedo a molestar? ¿Te cuesta poner en palabras lo que te duele?

- **No es suficiente, mujeres insatisfechas con sus relaciones.** Si de niña no recibiste el amor y la atención que necesitabas donde se suponía que los tenías que recibir, es posible que te creciera en el pecho un agujero que todavía te duele. Este agujero son abrazos no recibidos, palabras no dichas, miradas tiernas inexistentes, ánimos no escuchados, caricias imaginarias en la cabecita mientras estabas tumbada en el sofá, besitos de buenas noches que nunca te dieron… Puede que esta niña que te habita aún siga luchando por recibirlos. Y digo «luchando» porque así suele percibirlo la persona en la que pones la esperanza de que sane esa herida. De alguna manera, esperas que esa niña se sienta cuidada, atendida y con las necesidades cubiertas. Por eso exiges al otro y, por más que te da, nunca es de la forma en que querías o en el momento en que lo necesitabas o, si se lo has tenido que pedir, ya no te sirve. Amiga, te voy a contar un secreto: en realidad, nada te vale porque la necesidad que te duele no es del presente. No puedes volver al pasado y cambiar las cosas, que es lo que la niña que habita en ti necesita. La solución a tu dolor no está en que alguien venga y cure tu herida —que, ojo, es estupendo rodearte de personas que te quieren y te cuidan en el presente—, porque la herida es la niña que fuiste.

Esta adulta enganchada al pasado se pondrá a repetir patrones que se presumen normales a su edad e intentará cubrir todas sus necesidades a través de su figura de apego: su mamá y su papá de pequeña, su pareja de mayor. Esta es la base de la dependencia emocional y de la infelicidad e insatisfacción en las relaciones. Y esto, junto a las mujeres silenciadas que creen que no merecen ser queridas, dibuja un caldo de cultivo de relaciones tóxicas en las que se producen abusos emocionales que se mantienen a lo largo del tiempo.

- **Necesito que me mires, mujeres que necesitan ser vistas para confirmar que existen**, porque, si se quedan solas, sienten que se mueren, que dejan de existir. Intentan no ocupar, no molestar, se quedan en relaciones ganándose un amor que no les dan, eligen desde la niña y se cabrean porque ninguna pareja les da lo que necesitaron… Las creencias negativas del autoconcepto («No soy importante, no existo») vienen acompañadas de sensación de vacío, angustia, tristeza, inseguridad y necesidad de aprobación externa que suele convertirse en dependencia emocional.

- **Necesito que me necesites, mujeres que cuidan** para estar seguras de que no las van a abandonar, que es distinto a sentirse seguras. Cuando han llegado a la conclusión de que no son elegibles, de que hay algo en su interior que hace que nadie quiera quedarse con ellas, sienten que aún pueden hacer algo para que estas personas no se vayan: cuidar mucho y muy bien a quien se queda para asegurarse de que no se irá. De esta manera, se convierten en estupendas gestoras de problemas ajenos, *coaches* emocionales, compañeras de charlas, terapeutas de adicciones… y buscan parejas que necesiten ayuda para cuidarlas. Esta trampa las vuelve a hacer desaparecer, para que sus problemas y emociones dejen de ser vistos por la gente, porque es la única forma en que aprenden que merecen vincularse.

En suma, la ausencia emocional por parte de la madre de Sandra le impidió diferenciarse de ella. La diferenciación es el proceso a través del cual las niñas se enteran de que no son su mamá, que tienen su propio cuerpo y sus propias emociones y sensaciones. Cuando los niños están en el vientre de su madre o son recién nacidos, en el periodo perinatal (hacia el nacimiento), se habla de la díada mamá-bebé como una unidad emocional, física y relacional. Es decir, de alguna manera, son uno. El bienestar de uno afecta directamente al del otro. En este vínculo se configuran muchas de las bases relacionales de los bebés. Esta díada abarca la comunicación no verbal, la sincronía y la corregulación emocional, además de la lactancia. En otras palabras: la mamá es alimento físico —a través de la lactancia— y emocional —a través de la sincronía emocional— del bebé. A los nueve meses, el bebé empieza a darse cuenta de que su madre es una persona separada. Hacia el año, a través de la locomoción, se va separando más, pero sigue necesitando a mamá cerca. Alrededor de los dos años afirma su identidad y establece unos límites claros entre su cuerpo y sus deseos y los de los demás. Pero para eso necesita que su madre sepa regular sus emociones, de manera que él no tenga que encargarse de hacerlo, y que ella sepa aceptar las decisiones del niño y vaya alargando la distancia que le deja para explorar: la extraescolar a la que se apunta o la ropa que elige. Solo así se completará la diferenciación de forma satisfactoria.

Como imaginarás, la mamá de Sandra no pudo gestionar la tristeza y la angustia que le provocó el abandono de aquel hombre y, de alguna manera, su hija absorbía esas emociones con la intención de sostenerlas y regularlas para que su madre pudiera estar bien y cuidarla. Esa esperanza se la llevó a la edad adulta, y era la que seguía sintiendo con José, su pareja. Quería ser capaz de gestionar los problemas por él para que la acabara queriendo. Sentía que necesitaba que le hiciera caso y la cuidara, pero poco tenían que ver esas emociones con José, sino con lo poco vista que se sintió durante la infancia y la esperanza de recibir el cuidado que no tuvo a través del cuidado de su pareja.

¿Cuál es el cuidado que necesita esta herida?

Curar ausencias supone rellenar huecos, y fijarse en ellos es más difícil que mirar recuerdos concretos de cosas que no deberían haber ocurrido. La clave para cuidar la dependencia emocional es, como dice Anabel González en el libro de *Lo que no pasó*, plantar semillas en tierra árida, regarlas y cuidarlas mientras crecen. Ármate con rutinas que te cuiden, con gente que te mire, con actividades que te generen placer y deja que esas sensaciones te calen en los huesos. Nadie cubrirá las necesidades que no cubrieron a tu niña porque es imposible, porque ya ha crecido y, aunque sigue sintiendo la misma sed, no es buena opción acudir a fuentes que no dan agua.

Reparar este vacío pasa por tomar el control de tu cuerpo y tus emociones y cuidarte la mitad de bien de lo que aprendiste a cuidar a otros por el camino.

La herida del padre alcohólico: «No soy querible, estoy en peligro»

En un análisis general de las estadísticas, podemos ver que la prevalencia de los trastornos de ansiedad en las mujeres duplica a la que se da en los hombres. Sin embargo, ellos triplican la prevalencia del consumo de alcohol frente a las mujeres. De esta manera, los hombres tienden a presentar tasas más altas de alcoholismo mientras que ellas reportan mayores índices de ansiedad.

Entonces ¿estos datos indican que los hombres no tienen ansiedad? No. De hecho, es posible que les cueste mucho más gestionar las emociones que a las mujeres y que busquen esta vía de escape para anestesiarse, como si de una automedicación se tratase. Claro que el consumo abusivo de alcohol también está relacionado con el aumento de la ansiedad, y esto genera la espiral sin fin de la adicción. La probabilidad de que una mujer se encuentre desregulada y acuda al médico es mucho más alta que el hecho de que lo haga un hombre. De ahí las estadísticas.

Si nos paramos a pensar, el patriarcado tiene una gran deuda con los hombres: les ha arrebatado el derecho a sentir. A nosotras se nos presupone, y por eso somos las débiles. Pero, gracias a esta presunción, seguramente mamá nos hablaba de emociones —«¿Estás triste, mi niña, tienes miedo?»— mientras que a los niños que sentían lo mismo les decían: «Venga, valiente, eres un campeón». De esta manera propician que las mujeres vayamos al centro de salud a confirmar que no podemos con todo, que somos miedosas, que estamos tristes y necesitamos ayuda, mientras que ellos encuentran en los compañeros de bar a unos machotes que jalean su bravura y, en el alcohol, la anestesia temporal a sus emociones. Las mujeres, debido al gran sentimiento de inferioridad que tenemos, pedimos ayuda, recurso que suele ser adaptativo, mientras que los hombres acuden a entornos disfuncionales a que aplaudan sus conductas disfuncionales, y, a la larga, triplicarán los problemas del entorno familiar.

Da igual cómo hayas gestionado tus emociones hasta ahora, o si eres mujer u hombre: hay salida a la adicción. Pedir ayuda no es una vergüenza, es un gran acto de responsabilidad y valentía. Informa a tu médico de cabecera de lo que te ocurre y te dirá con qué recursos públicos cuenta tu localidad.

Un padre alcohólico no ha gestionado sus propias heridas, sus emociones lo abruman y se embriaga para dormirlas. Un padre borracho no se puede hacer cargo de los cuidados de una niña, que queda totalmente expuesta al mundo y encima tiene que cuidar de ese adulto disfuncional que hace justo lo contrario de lo que se espera de él. Muchas veces, esta niña, avergonzada por la conducta de su padre, se impone el ocultar al mundo lo obvio para proteger a su papá, fenómeno psicológico que se conoce como «parentalización» o «parentificación». Se da cuando el niño tiene que asumir funciones y responsabilidades que corresponden a sus padres, lo que implica una inversión de los roles, ya que hace de mamá o papá de sus progenitores. Esto ocurre cuando:

- **Las emociones abruman a los padres.** Mamá está tan triste o asustada que no puede cuidar de sus hijos, de manera que estos se ocupan de la tristeza de su madre con la esperanza de que al final pueda cuidar de ellos. O papá está tan enfadado que pone en peligro a toda la familia; entonces los hijos predicen que está enojado y regulan la más mínima expresión de enfado.
- **Los mecanismos de protección de los padres no son adaptativos.** Papá es un borracho; mamá, una

compradora compulsiva. El niño se pondrá a ocultar lo que hacen sus padres para que estos no sean descubiertos y vistos como unos desadaptados a nivel social.

- **Hay dificultades económicas en casa.** Los niños cuidan de sus hermanos cuando deberían cuidarlos a ellos o asumen tareas domésticas a muy temprana edad.
- **Hay violencia de género intrafamiliar.** Los niños se convierten en escudo para su madre o en terapeutas familiares.

Si tus necesidades no fueron cubiertas, quizá vivas con un agujero enorme, te avergüences de él e intentes ocultarlo. Amiga, saca la vergüenza a pasear. Deja de ocultarte y airea esas experiencias. Tus necesidades no dan vergüenza, lo que da vergüenza es el sistema de cuidados en el que tuviste que desarrollarte. Muéstrate, hoy un poquito, con una persona de confianza —a lo mejor te resulta más fácil con una desconocida—, y deja que cale en ti una mirada de comprensión y validación. Poco a poco se irá cosiendo este agujero.

Pregúntate:

- ¿Tienes problemas para identificar tus emociones?
- Cuando sucede algo, ¿intentas leer cómo se sentirán los demás y te olvidas de conectar contigo?

- ¿Te preocupas en exceso por cómo se estarán sintiendo los demás y eso te impide ser espontánea?

La principal consecuencia de la parentalización es la dificultad de las niñas para identificar y mucho menos regular sus emociones. Han tenido que convertirse en detectoras de las emociones de los adultos para satisfacer sus necesidades. Por lo tanto, carecieron de la oportunidad de pararse a mirar lo que ellas sentían, y mucho menos de que una adulta las leyera o las acompañara en su regulación.

- ¿Sientes que no has conseguido cumplir con tu propósito vital?
- ¿Sientes que lo que ocurría en tu casa era culpa tuya, aunque fueras una niña haciendo cosas de niña?

Otra de las consecuencias es que se sientan fracasadas o que no han sido suficiente en el rol que se les ha impuesto. Esta es la consecuencia directa de poner a una niña a solucionar problemas de adultos que no son conscientes de sus problemas, y van a fracasar en la misión.

¿Sientes que has podido ocuparte de ser simplemente una niña? Porque, por supuesto, en esta vorágine, los niños no pueden ser niños haciendo cosas de niños con otros niños. Pierden la espontaneidad y la tranquilidad que les da tener cubiertas sus necesidades básicas y, por el contrario, su sistema está siempre en alerta, lo que provocará problemas de relaciones sociales.

Cuando Nerea llegó a mi consulta, sentía pánico al pensar en conocer a alguien para entablar una relación. Tras varias rupturas, había aprendido que ella no era querible y que, tarde o temprano, la abandonarían. En la actualidad, si se cruzaba con un chico guapo que la miraba, sentía que sus pies se despegaban del suelo y se iba corriendo. «Sin duda —pensé—, estoy delante de una mujer para la que ser vista ha sido un problema». Y esto podía tener su origen en diferentes experiencias: había sido objeto de burlas y humillaciones, o en su casa había vivido conductas bochornosas en las que la vergüenza no había sido recogida por los adultos y, por tanto, la había asumido una niña cuya única salida era desaparecer. O quizá ambas suposiciones eran correctas.

Cuando empezamos a explorar el motivo por el que ser vista era un problema para ella, su cerebro nos llevaba a su padre, un hombre emocionalmente inmaduro que oscilaba entre la autoridad excesiva y la ausencia emocional y física. De esa manera, Nerea había crecido entre la autoridad sin sentido del «Porque lo digo yo y punto, y lo demás sobra» o «Cuando seas padre, comerás huevos» que la hacía sentir culpa y falta de control, y el vacío en el pecho que deja la ausencia. La Nerea adulta lo tenía claro: era mejor sentir el vacío de no ser vista que el desprecio (de papá), el miedo de no entender nada o la culpa de cabrear a alguien (a papá).

Ante situaciones como esta, las niñas crecen con altas dosis de inseguridad y falta de sentido que las acompañan en su vida adulta. En suma, y después de esos antecedentes, para sorpresa de nadie su padre tenía un problema con el alcohol. No es frecuente empezar a trabajar con este tipo de recuerdos al inicio de la terapia. La vergüenza, la culpa y el sentimiento de que se está traicionando a alguien mantienen esos recuerdos muy abajo, ocultos para no compartirlos con nadie. Eso impide darles palabras y sentido, y hace que el miedo y la vergüenza sigan retumbando en el cuerpo, haciendo temblar todos los recuerdos y el presente. Por suerte, en el caso de Nerea, enseguida salieron a la luz.

Si has tenido estas experiencias, te diré algo: no traicionas a tu padre cuando hablas de tu historia. Es tu historia, te pertenece. La has vivido en tus carnes, y tienes derecho a hablar de ella. Darle sentido y tener la posibilidad de colocar las cosas de otra forma es el acto de amor más bonito y respetuoso que puedes ofrecerte. Mereces sanar, y sanar es colocar.

Cuando empezamos a trabajar con el recuerdo, en la mesa de los no registrados de la que hablábamos en el primer capítulo encontramos los componentes del dosier. En esa carpeta de recuerdos no almacenados estaba todo: imágenes e información sensorial, emociones, creencias, sensaciones del cuerpo, el kit de supervivencia con el que el cerebro intentó gestionar esa información hipercalórica difícil de digerir y los mecanismos que usaba para amortiguar la caída de la horrible realidad. Es fundamental ofrecer a esos recuerdos estancados una mirada adulta que nos permita colocar las emociones enquistadas, cuidar las sensaciones del cuerpo y plantearnos si ha llegado la hora de mirarlo utilizando otro kit de herramientas mejoradas que los aligere y, de esta manera, que se almacenen en la biblioteca hipocampal y dejen de llenar el cuerpo de sensaciones o de sustentar la creencia de que no podemos con ello cada vez que se nos pasan por la mente.

Así que, con ese objetivo, empezamos a trabajar en el recuerdo del cumpleaños de Nerea:

—Mi padre vomitando a gatas delante de toda la familia.

El procesamiento de estos recuerdos suele empezar con mucho movimiento en el cuerpo. Las sensaciones se convierten en emociones y adquieren sentido cuando las ponemos en palabras. Las sensaciones etiquetadas son las que se pueden almacenar y no se quedan enquistadas en nuestro interior retumbando eternamente. En suma, si a una niña que se cae le dices «No te has hecho daño, pero te has asustado, ¿a que sí? Ven, que te doy un abrazo», se calmará porque has equilibrado sus emociones y aprenderá que puede pedir ayuda y que será acompañada sin importar cómo se sienta. Sin embargo, si le dices «No llores, que no te has hecho nada, llorona», quizá deje de llorar, pero no lo hará porque sus emociones hayan sido reguladas, sino porque habrá aprendido que sentir es un problema, y se quedará bloqueada, como un conejillo asustado en la carretera ante las largas de un coche. No procesará nada, no entenderá nada, todo se quedará en la mesa del desorden de su recuerdo.

Permitir que esas sensaciones sean acompañadas por la adulta que es hoy con aceptación, poniendo el recuerdo en palabras tocadas con amor y miradas con mimo, es la primera puerta hacia la regulación. Además, la niña experimenta las sensaciones que debía de sentir su padre, como las ganas de vomitar, quizá porque, como ya te he contado en otros casos, quizá sufra un problema de diferenciación.

En el caso de Nerea, cuando volvía a esos recuerdos que nadie había puesto en palabras, su cuerpo se llenaba de las sensaciones que vivía en ese instante que no quedaron almacenadas. Eran estas:

➤ Quemazón en el estómago: la traición de que me fastidies el cumpleaños.

➤ Peso en el pecho: me cargas con la enorme responsabilidad de cuidarte.

➤ Pelota de tenis en la garganta: la situación intragable que tenía que tragar.

➤ Hormigueo en la cara: vergüenza por necesitar desaparecer.

➤ Corazón acelerado: que el cuidador pierda los estribos supone un peligro, porque, ¿quién me protegerá ahora? A medida que se va regulando, abre la puerta al...

➤ Enfado y odio hacia ese padre negligente en cuidados. Es muy importante, porque devuelves a esa niña adulta la capacidad de defenderse.

➤ Vacío: hay un vacío en mí, no me siento querida, no soy querible. Aquí empiezan a tocarse los pensamientos, se producen conexiones con el cerebro racional.

➤ Pena por haber recibido ese trato.

➤ Confusión: ¿realmente merecía que me tratara así?

➤ Mensajes disfuncionales que le han dicho y le hacen permanecer en el trauma: o sea, ¿ahora la culpa de todo la tienen los padres?

➤ Recuerdo: el día en que, de adolescente, le planté cara y me sentí poderosa.

➤ Exposición: no merezco cosas buenas, días expuesta —cumpleaños, comunión, boda— como sinónimo de problemas.

➤ Soledad: papá es un borracho y mamá es dependiente.

➤ Reproches: ¿cómo voy a enfadarme con mi padre, con todas las cosas que me da? ¿Quién me ha comprado todos los regalos del cumple?

➤ Amigas que estuvieron contigo. Relaciones que construyes.

➤ ¿Esperaba demasiado? ¿Soy demasiado exigente?

➤ Estoy incompleta.

➤ No disfrutar del presente: que todo acabe rápido, por favor.

➤ Desaparecer: vergüenza y disociación.

➤ Anestesia.

Soledad
Anestesia
«No puedo enfadarme»
Incompleta
Enfado
«Esperaba demasiado»
Culpa
Exposición
Confusión
Recuerdos
Vacío
Mensajes disfuncionales
«Que acabe»
Pena
Quemazón en el estómago
Enfado y odio
Peso en el pecho
Corazón acelerado
Hormigueo
Atragantamiento

POSTERAPIA

«Nunca merecí eso, merezco cosas buenas»

¿Qué tiritas ponemos al «No soy querible, estoy en peligro»?

Las consecuencias de la parentalización son significativas. Si tus necesidades no fueron cubiertas, creces y vives con ellas. Tu historia no desaparece, aunque todos esos agujeros hayan sido acariciados con mimo y mirados con aceptación. Todas las tiritas con las que nos encontramos hablan de la historia de la paciente, de los refugios que usó, que por ilógicos que puedan parecer, el sistema les saca alguna ventaja.

- **Escondes lo que necesitas.** Quizá te han hecho sentir vergüenza por necesitar lo que todo el mundo necesita, e intentes ocultarlo. Llegaste a la conclusión de que mostrar lo que necesitas es sinónimo de mostrar tus taras. Como consecuencia de ello te quedas en relaciones donde te tratan como te trataron, ni te miran ni ven tus necesidades. Subrayando las creencias de que eres poco valiosa y no mereces respeto.
- **No te perdono, me enfado con la vida.** En estas dinámicas tiene sentido estar enfadada con la vida y esperar la traición de quien debe cuidarte. El pensamiento es: «Me quedo estancada en el enfado porque he aprendido que me traicionas siempre, y perdonarte es abrir la puerta a que vuelvas a hacerme daño». Sin embargo, estar enganchada a este recurso no permite que me vincule con personas

que hoy pueden ofrecerme relaciones suficientemente buenas, pero que no son perfectas.
- **No hay nada bueno para mí, cabo mi hoyo.** Si
creo que no merezco nada bueno, puedo dar sentido a las experiencias que vivo y a la desesperanza
que me acompaña. Pero esta desesperanza que tuvo
sentido ahora es un talón de Aquiles que no me
deja saborear lo bonito del presente.

¿Cuál es el cuidado que necesita esta herida?

Un momento crucial en la terapia y en el procesamiento
de memorias traumáticas es cuando empezamos a sentirnos confusas. De repente, empezamos a cuestionarnos
torres sobre las que habíamos construido nuestra historia.
«¿Merecía yo eso?», «¿Realmente no sé cuidarme o eran
ellos los que no sabían hacerlo?», «¿He dejado de ser querible?». Al hacerlo, si sabemos que las construimos para
dar sentido al sinsentido, podemos dejar espacio a cosas
nuevas más coherentes con la mujer que somos hoy y
afirmar: «Nunca dejé de ser suficiente, no merecía que me
trataran con desprecio. Tengo motivos para estar enfadada toda la vida, pero quiero dejar espacio a que entren
otras cosas. Puedo aprender lo que necesite…».

El enfado es otro paso esencial en los procesos: devuelve
a las personas la capacidad de defenderse ante esa situación,
de percibirla como injusta, como algo que no merecían. Es
muy importante que, si han vivido envueltas en el miedo,

les devolvamos el derecho a enfadarse ante las injusticias. Porque no solo sienten que se defienden de lo que vivieron, sino de hacerlo en el presente y el futuro. Pero, ojo, el enfado es un arma de doble filo. Si nos quedamos estancadas ahí, es posible que la injusticia pasada y el coherente cabreo ensucien todo el presente y estemos a una chispa de saltar e incendiar todo lo valioso que tenemos a nuestro alrededor. Y es que no nos enfadamos por lo que acaba de pasar en ese instante, sino por todo lo que nos ha pasado en la vida. Y sí, tienes derecho a estar enfadada, y mucho. Tienes motivos para estarlo el resto de tu vida. Pero muchas veces no se trata de regular ese enfado, de apagar ese fuego, sino de tomar la decisión consciente de dejar espacio a otras cosas.

Otro momento muy especial en el procesamiento del trauma es cuando empezamos a conectar con todas esas cosas bonitas que hemos construido de las que la niña que fuimos no sabía nada: las amistades que ahora nos entienden y no nos juzgan, y aquellas que, aunque ya no están, nos acompañaron en alguna ocasión y fueron refugio; todas aquellas relaciones no impuestas que se han quedado por lo que somos y por lo que aportamos, y las que hemos elegido por su valor. Es ser por fin conscientes de que, a pesar de que lo que nos venía impuesto (nuestra familia) era ropa interior con pinchos, nos rodean capas de terciopelo que nos hacen sentir mejor, que nos devuelven con una mirada todo nuestro valor. A través de ellas, nuestra niña va calmando su sistema nervioso, va ordenando la nube de desorden, y vamos caminando hacia creencias positivas sobre nosotras y sobre el mundo que nos permiten vivir más ligeras y no entrar en bucles que nos paralizan o nos hacen dar vueltas y vueltas sin avanzar, hasta marearnos.

Nerea aprendió que merecía crear vínculos de calidad, que podía construirlos y mantenerlos fuera de su núcleo familiar y que era valiosa y visible. ¿Cómo te suena? Espero que tú también puedas cuidarte si estás herida, si te resuena esta historia. Date permiso para mirar con ternura a esa niña que fuiste que jamás mereció que la acompañaran de ese modo y que nunca dejó de ser suficiente e importante.

Querida amiga, si estas líneas te han removido, quiero recordarte que, pasara lo que pasara, nunca hubo nada malo en ti. Hubo adultos que no supieron cuidarte como merecías, pero que no lo hicieran nunca te volvió indigna de recibir amor, cuidados, admiración y respeto. Fui a un colegio religioso y, aunque no me siento arraigada a la religión —pero sí a muchos de los valores cristianos—, en mi proceso de terapia recordé una definición que aprendí en la clase de religión hace muchos años:

La dignidad es aquello que tiene el ser humano
por el simple hecho de serlo.

Y así es: no hay nada que tengas que hacer para ganártela ni nada que puedan hacer para quitártela. Simplemente, no se puede.

8

Los hermanos

La relación con los hermanos representa el apego entre iguales dentro del núcleo familiar; no importa cómo fuera en tu caso, seguro que ha influido en la persona que eres hoy. La manera en que se establecieron las relaciones entre iguales tiene una relevancia crucial en la vida adulta, ya que todas las relaciones que creamos con los adultos deberían ser entre iguales, no jerárquicas, al menos en el plano personal.

De niñas, nuestras figuras principales de apego —por lo general mamá y papá— nos cuidan y protegen, nuestra supervivencia está en sus manos. Por eso esas relaciones son jerárquicas. Sin embargo, el resto de las que establecemos a lo largo de la vida son (o deberían ser) entre iguales. No dependemos de ellas para seguir vivas o para ser suficientes, importantes. Sin embargo, puede que las necesitemos para sentirnos de ese modo. Es lo que llama-

mos «dependencia emocional». Cuando de nuestros vínculos de apego primarios recibimos la información de que
somos suficientes e importantes, lo damos por hecho, lo
llevamos puesto. En cambio, si no nos hicieron sentir así,
tendremos la necesidad de recibirla y confirmarla en la
interacción con el otro.

En la infancia, los vínculos con iguales, es decir, con
tus hermanos, sientan las bases de cómo te relacionas hoy
con tus iguales, por lo que es fundamental analizar cómo
nos ha ido con ellos. Pregúntate: «¿Qué aprendí de las
relaciones con mis hermanos?».

Cómo se relaciona mamá con mis iguales

Como hemos visto, aunque dos niños compartan la misma madre biológica, no tienen la misma mamá afectiva.
Hay muchos factores que influyen en este vínculo:

- **«Mis necesidades importan menos», o la simpatía temperamental.** Si la mamá encuentra sus
características de temperamento en su hijo, es más
probable que las acompañe mejor. Una hija tran-
quilota de una mamá serena o una niña movida de
una mamá inquieta puede hacer que el vínculo sea
más seguro. En cambio, si su hija tiene la simpatía
temperamental con el padre del que la madre está
divorciada, puede que ciertos comportamientos de

su niña le disparen todos los mecanismos de protección y esto haga que sea incapaz de vincularse con ella. Si eres la hermana que se ha vinculado peor con mamá y observas que la relación que tiene con tus hermanos es más profunda, quizá concluyas que eres inferior o que tus necesidades no merecen ser escuchadas como las del resto de tus hermanos.

- **«Puedo confiar en mis capacidades», o el número de hermano que ocupas.** Si eres la primera, quizá te haya costado el doble o el triple ganar las libertades o los permisos que consiguió tu hermano pequeño. Las mamás suelen sentirse más inseguras y con más miedos con el primer hijo. De esta manera, el vínculo es más seguro con el segundo, al que deja más libertad para explorar, ya que llega más rápido a la conclusión de que puede confiar en sus capacidades.

- **«Puedo sentirme a salvo», o conflictos con tu hermano.** Hay mamás que protegen, mamás que sobreprotegen y mamás que negligen. De la respuesta de tu madre cuando teníais un conflicto depende que hoy te sientas sola ante el abismo y que hayas llegado a la conclusión de que no puedes hacer nada para librarte del dolor (mamá negligente), que cuando veas el abismo te calles y lo sufras en silencio porque sientas que, si dices algo, te castigarán y te sentirás peor (mamá abusadora) o que confíes en que mamá encontrará una solución respetuosa para las dos.

- **«No existo», o hermanos problemáticos o con necesidades especiales.** Hay hermanos que necesitan tanto la atención de los padres —por salud, gestión emocional o trastorno por adicción que tiene a los progenitores asustados y consumidos— que al resto de los hermanos no les queda nada. Esto hace que el sano o no problemático pueda sentirse poco importante, poco vinculado.

Cómo se relaciona mi hermano conmigo

Los roles entre hermanos y cómo estos pueden abusar y alterar la horizontalidad del vínculo también es fundamental en la formación de nuestro autoconcepto adulto. Veamos algunos de ellos:

- **«Estoy en peligro / Merezco que me traten mal», o hermanos abusadores.** Algunos golpean y abusan de los otros aprovechando su posición de fuerza en la relación.
- **«No soy suficiente / No existo», o hermanos que negligen.** Algunos pueden mostrarse negligentes ante los abusos que reciben sus hermanos por parte de su madre o su padre: no se posicionan o incluso niegan la mayor cuando el hermano los ne-

cesita. De esta manera, las víctimas llegan a la conclusión de que no existen.

- **«Está bien como soy», o hermanos suficientemente buenos.** Escuchan, contienen, juegan, tratan con respeto y reparan las rupturas del vínculo.

Cuando las relaciones con los hermanos están muy melladas, es porque han fallado otras barreras que debían velar por su seguridad y que no existieron por negligencia de los adultos al cargo o por los cuidadores, que no pudieron estar suficientemente presentes por diferentes motivos: sobrecarga de trabajo, enfermedades mentales o físicas… Esto hace que, por lo general, cuando las personas acuden a consulta, la relación con sus hermanos quede relegada a un segundo plano y, hasta que no se solucionan otros temas, la relación fraterna no asoma la patita.

Hermanos que abusan

Marian acudió a consulta por una ruptura muy desagradable con su pareja. Ella se sentía muy despreciada y, al final, él la echó de la casa que compartían. A pesar de que la relación llevaba varios meses deteriorada, fue incapaz de salir de ahí hasta que vivió momentos en los que no separarse ya no era una opción.

Al mirarla, vi que tenía delante a una mujer que había aprendido que no merecía que la tratasen bien y que por eso, ante los malos tratos, se ponía una venda o hacía borrón y cuenta nueva.

—¿Dónde aprendiste que merecías que te trataran mal?

—En las continuas broncas con mi madre. Nunca era suficiente para ella. Nos gritaba y nos pegaba. Yo tenía miedo de que llegara a casa. Siempre encontraba motivos para estar enfadada.

Trabajamos sobre la ruptura y la relación, pero el núcleo era otro: necesitaba que esa mujer entendiera por qué había llegado a la conclusión de que no merecía que la tratasen bien, por qué había aguantado en esa relación. Le pedí que intentara imaginarse cómo sería ser bien tratada y cómo relacionarse adecuadamente con parejas que la trataban mal. En definitiva, debía reconstruir su autoestima. Esto nos llevó muchas sesiones de apego en las que revisamos diferentes recuerdos con su madre. Marian sintió que no haber tenido un buen trato por su parte durante la infancia no implicaba que no lo mereciera. Esa niña nunca dejó de merecer que la trataran con amor y respeto, aunque no fuera así. A esa niña nunca le arrebataron la dignidad, porque no se puede, pero, como consecuencia de ese trato, se sintió —y cuando vino a consulta se sentía— indigna de amor y respeto.

Una vez que el tema de la madre empezó a resolverse, comenzó a aparecer la figura de su hermano. Marian ya me había explicado que muchas veces se pegaban, pero de repente su discurso cambió a «Mi hermano me pegaba cuando mis padres no estaban». Había podido integrar que su madre la tratara mal antes de incorporar que su hermano lo hiciera también. El abuso entre iguales deja una huella muy profunda, es una traición de los tuyos, de tu bando, que resulta muy difícil de comprender para quien la sufre.

Cuando le pregunté sobre la peor imagen que tenía, me dijo que pasaba muchas tardes y que era difícil concretar una. Empezamos a trabajar con la imagen de una niña en el suelo a la que su hermano no deja de darle patadas, a pesar de que ella no se defendía. La indefensión es uno de los ingredientes comunes en todas las situaciones potencialmente traumáticas: «Está pasando algo de lo que no me puedo defender, ya sea porque el daño viene de la persona que debería protegerme o porque las estructuras encargadas de defenderme —mamá, papá, el colegio, el sistema sanitario…— no lo hacen, ya sea porque están saturadas, porque se benefician al no ver lo que ocurre y no actuar o porque no están capacitadas para hacerlo». Llegar a la conclusión de que estás en peligro y que no puedes defenderte es muy definitivo. El cerebro crea mecanismos para que no detectes la necesidad inminente de salir de ahí —«No siento el peligro»— o acabes bloqueando los circuitos para pedir la ayuda que necesitas —no contarlo, quedarte— porque sabes que nadie te defenderá. De esta manera, aprendes a quedarte en lugares que ponen en jaque tu integridad psíquica o física en el futuro como consecuencia de esta experiencia.

Las niñas que se han sentido muy indefensas tienen el

miedo enquistado en el cuerpo, en el estómago, en la garganta, en las extremidades. El cuerpo necesita enterarse de que puede sentir ese miedo ahora, porque las adultas están a salvo y pueden cuidarlo. Si no se dan permiso para dejar de estar asustadas tras caer en la cuenta de que no hay peligro, esas adultas vivirán con el miedo enquistado en el cuerpo y buscarán relaciones que le den coherencia, aquellas en las que no las traten bien, que reafirmarán que así suelen ser las relaciones —su madre, su hermano...— y que así merecen ser tratadas en la actualidad. Podríamos decir que la zona de confort de estas personas es sentir peligro. Es como han aprendido a vivir y sentirse vivas. Puede que la tranquilidad, el aburrimiento, la seguridad..., en definitiva, un sistema de alerta relajado las incomode tanto que pierdan el interés o incluso que rechacen aquellas relaciones que las relajen, y que las hagan elegir como pareja al malote de turno, que no suele ser el hijo de Lucifer, sino una persona con muchas heridas o escasa capacidad de mentalización. Así que, ¡bienvenida al bucle de «Mentalizo contigo, desconecto de mí»!

En casos de maltrato, es importante explorar cómo consiguieron sentirse «a salvo» estas niñas. Y lo entrecomillo porque, cuando las personas que abusan de ti están en casa, nunca estás a salvo. Esa manera de ponerse a salvo en la infancia suele estar relacionada con cómo intentan ponerse a salvo en la actualidad. Principalmente, lo hacen de dos formas:

- **Se esconden.** Hay niñas que, para ponerse a salvo de las humillaciones y los golpes, su única alternativa fue encerrarse en el baño y echar el pestillo o quedarse en su habitación y no salir por nada del mundo. Estos patrones pueden verse replicados en la madurez por mujeres que, ante el peligro, se aíslan, se encierran en sí mismas y guardan silencio tratando de no molestar ni incomodar a nadie. Estos patrones tienen todo el sentido del mundo: las salvaron de recibir más malos tratos en la infancia, pero pueden estar dejándolas aisladas e indefensas en el presente, cuando quizá gozan de unas redes o una capacidad para crearlas, y cuentan con gente dispuesta a ayudarlas y sostenerlas en la situación actual. Incluso puede que, cuando haya desacuerdos o conflictos esperables y naturales en las relaciones, elijan esta vía en vez de hablar sobre lo que ocurre, y sigan replegadas y aisladas ante sus emociones desagradables, sintiéndose solas y desamparadas con ellas.

- **No entran, evitan.** Otras niñas decidieron no entrar en casa para evitar, con todas sus fuerzas, quedarse a solas con el abusador. Algunas daban vueltas y vueltas a la manzana intentando alargar al máximo el momento de llegar a casa y exponerse al peligro. La calle era menos peligrosa que su hogar. ¿Te lo imaginas? Así, podemos encontrar a mujeres adultas que, como dice Pereza, «Se enganchan de cualquiera que le guste trasnochar» o «Que no ponen huevo en casa», aunque ya no vivan con su hermano o no se produzcan las situaciones de abuso, porque su cuerpo no se ha enterado de que estar en su casa ya no es peligroso.

Y tú, ¿qué haces cuando hay un desacuerdo con tu pareja: hablas o te encierras? ¿Dónde aprendiste a hacerlo?

En este proceso de reparación es importante que estas adultas se den cuenta de los ingentes esfuerzos que hicieron de niñas para ponerse a salvo de una situación que nunca debió haber ocurrido y que puedan ver todo el valor que tuvieron para huir del peligro a pesar de que fallaron las estructuras que tenían que defenderlas, es decir, a pesar de que sus padres no fueron capaces de detectar esa situación o detener los abusos. Si tuviste que enfrentarte a esta situación de niña, mereces el respeto y la admiración de la persona con la que lo compartas. Y ojalá, algún día, tu propio respeto y admiración.

Hermanos que negligen

Cada hermano ocupa un lugar diferente en el sistema, y cada hijo crea un vínculo distinto con mamá y papá. De esta manera, uno puede quedar en desventaja frente a otro por lo que al (mal)trato y a los cuidados se refiere. Cómo se posicionan los hermanos ante las injusticias que uno sufre es crucial para el autoconcepto y para lo que puede esperar de los iguales en el futuro. Hay hermanos amorosos que reconocen el dolor y sostienen historias, y hermanos que niegan el evidente sufrimiento del otro. Y, ojo, durante toda la infancia será difícil que los niños más aventajados puedan cuestionar lo que hacen mamá y papá. No es hasta la adolescencia, con la diferenciación, que empiezan a explorar otras mentes, descubrir nuevos sistemas y maneras de funcionar, y cuestionarse el suyo y, por lo tanto, a mamá y papá. Después de este hito evolutivo, el reconocimiento de la injusticia y el sostén del sufrimiento de un hermano es muy reparador. Es el testigo por excelencia de todo lo ocurrido, pero también es muy hiriente si no se produce, ya que se llega a estas conclusiones: «No soy importante para que me miren», «Mi dolor no existe», «Mi historia no me pertenece».

En suma, estas dinámicas se dan en familias disfuncionales. Por lo tanto, es posible que, para que los progenitores no tengan que asumir la responsabilidad —porque no saben o porque no la conocen—, intenten mantener el sistema junto lo máximo posible y obliguen, victimizando al hermano más aventajado, a seguir las dinámicas y negar el sufrimiento existente, alimentando de esta manera la imagen de que todo va bien.

9

Bullying: no soy suficiente, soy un juguete

> *Gorda, gafotas, saco de huesos, momia, caballo (por tu tamaño o por tus dientes), conejo (por tus dientes), Aznar (por tu bigote), listilla, empollona, sebo, mono (si eres inmigrante), ojos de cucú, corta, tonta, mudita, faraona, maricón...*

Bullying viene del verbo inglés *to bully*, que significa «acosar», «intimidar» o «maltratar». El sustantivo *bully* se traduce como «matón» o «abusón». Este término se ha usado para dar nombre al acoso escolar. Es un comportamiento de humillación, intimidación y agresión hacia una persona que se repite en el tiempo. De esta manera, la víctima aprende que hay algo en ella por lo que es el objeto de burlas, empujones, amenazas, insultos o aislamiento.

Si has sido víctima del *bullying*, ninguna de tus características físicas o personales lo justifica o explica. Si te lo llegaste a creer, esas piedras atravesaron tu piel, y es muy probable que la herida perdure hoy. Por experiencia personal y profesional, he visto que lo que hace que un niño o niña sea víctima de *bullying* no son los insultos, sino la entereza de su autoconcepto: si no es fuerte, los insultos lo destruirán. En gran medida, esa entereza viene dada por la que tuviera en el pasado y por el apoyo que recibe por parte de los padres, otros amigos y los profesores en el momento en que se produce.

La negligencia o el desinterés ante el *bullying* por parte de la familia, el colegio y otros compañeros son más peligrosos que los insultos. Como hemos visto, lo más duro no es el trauma, sino quedarse sola después. Una niña con unos padres sensibles que ven cómo se siente y buscan los medios necesarios para que la acompañen a transitar esa situación difícil, vivirá la situación acompañada y sin sensación de desamparo, y eso crea el apego. Una niña apoyada por profesores, otros compañeros y su familia nunca llegará a esconderse en el patio para comerse el bocadillo, ni se quedará sola contestando a mensajes humillantes, porque habrá otras personas que, con su compañía o sus palabras, le recordarán su valor, reforzando así su autoconcepto.

No se puede hacer como si nada ante el *bullying*. No es cosa de niños, no se arregla con el tiempo. Debe haber intervenciones tempranas en las familias, los alumnos y el colegio para detener y sobre todo prevenir estos abusos. No tendría que haber niños que se convirtieran en mofa de otros mientras los demás miran. Hace tanto daño el que acosa como el que mira y no hace nada. Algo similar sucede cuando hay violencia intrafamiliar entre los hermanos, y las mamás y los papás, conocedores de la situación, no intervienen, sino que centran sus esfuerzos en no ver o tildar el problema de poco importante. O cuando hay madres que abusan de sus hijas y las hermanas permanecen negligentes o incluso defienden o secundan la violencia. Ante el *bullying*, negligencia cero.

He podido ayudar a muchas niñas adultas a digerir esas experiencias, pero creo que todas coinciden en que lo peor fue la soledad vivida con vergüenza, el acuerdo de todo el mundo en dejarlas solas y la responsabilidad de tener que ocultar que estaba ocurriendo. De alguna manera, su cerebro creyó que eso confirmaba que merecían estar solas. He podido ayudar a otras que todavía no se habían dado cuenta de que se aislaban y que merecían que las trataran con amor y aprecio.

Las niñas que sufren *bullying* buscan mecanismos con los que manejar estas situaciones, los ponen en marcha y se dan cuenta de que nada funciona. Por eso la indefensión y la desesperanza van creciendo y el sufrimiento es inasumible.

Cuando Isabel llegó a mi consulta, estaba profundamente sola y pensaba que su vida no tenía sentido. Me contó que había perdido su esencia y todas las cosas buenas que antes tenía. Sentía que estaba en un pozo del que no podía salir. Era incapaz de disfrutar, e incluso había abandonado sus cuidados físicos básicos: comida e higiene personal. Sin embargo, conseguía salir de esa espiral cuando tenía que ayudar a su hermana o a sus padres, pues se ponía la capa de superheroína y les aportaba cuidados de gran calidad. ¡Ostras! Estaba frente a una mujer que se había abandonado excepto cuando podía cuidar a otros. Parecía un instrumento que solo percibía valor cuando servía.

Si en casa aprendes que solo tienes valor cuando sirves para solucionar problemas, si nunca te han aplaudido cuando taconeabas o jamás han colgado tu dibujo en la nevera por feo que fuera, te cuadrará de adulto que los demás te hagan el vacío simplemente por ser. Te convierten en un instrumento que es útil mientras haga algo, como un cortacésped que el resto del año se puede meter en el sótano y coger polvo. Además, este rol te cuelga la etiqueta de solucionadora de problemas, lo contrario de que los adultos puedan ayudarte a ti… ¡Vaya tesitura! Eso sí que es ser carne de cañón, no tus gafas, ni tu altura, ni tu nacionalidad. Estás sola, existes mientras solucionas los problemas de los demás y has llegado a la conclusión de que los tuyos no merecen ser mirados.

La tristeza y la soledad de aquella mujer que se había abandonado, pero que podía hacer intermedios en su abandono para ofrecer cuidados de alta calidad a los de su alrededor, eran inmensas. Quizá lo hiciera con la esperanza de que nadie sufriera el profundo dolor y la soledad que ella vivía por culpa de un acceso directo a un recuerdo de su infancia.

—Tengo ocho años, es la primera salida del cole en la que dormimos unos días fuera y, cuando me meto a la cama, estoy completamente pringada. Me habían llenado el colchón de champú y otros ungüentos. Vinieron los profesores y me cambiaron el colchón, los niños se reían, había mucho alboroto y todos me miraban.

¿Te imaginas a qué revoluciones podía ir la cabeza de esa niña que se había convertido en el centro de atención de todo el albergue? Al trabajar con ese recuerdo, Isabel volvía a sentirse descubierta, en peligro, asquerosa, inferior, el hazmerreír…, un juguete.

—Silvia, yo servía para que se rieran de mí. Era un juguete. Como ahora, solo existo cuando quieren algo de mí. Era la rarita a la que le hacían el vacío. Seguro que hay alguna razón dentro de mí por la que no me quieren. Me rechazan.

En un centro educativo en el que los profesores hacen borrón y cuenta nueva, los compañeros de Isabel pagarían con la misma moneda si se atrevieran a acercarse a ella. En una familia que más que apoyo es una carga, no hay espacio para poner en palabras lo que está ocurriendo, para acompañar las sensaciones de Isabel y convertirlas en emociones con sentido que se pueden regular. Todo ese fracaso y mala gestión familiar y del centro son inasumibles para estas niñas, que no pueden adjudicar lo que está ocurriendo a un fracaso del sistema, sino que entienden que ellas son las fracasadas, las asquerosas o vergonzantes. Por tanto, solo les queda buscar mecanismos de funcionamiento para entornos disfuncionales y negligentes como los siguientes:

- **Se ocultan.** «Si no me ven, no me hacen daño». De esta manera, las niñas aprenden a ser invisibles, a no llamar la atención, y se ocultan en lugares poco concurridos, como los baños o las zonas de paso. En casa pasan mucho tiempo en su habitación porque saben que nadie les hará caso a no ser que tengan que intervenir como si fueran adultas. También se esconden cuando forman grupos, para que parezca que no han sido elegidas porque no las han visto, no porque nadie quiera ponerse con ellas. No se exponen a experiencias nuevas: con las vivencias desagradables pasadas aprendieron que a ellas no se las trata bien y que es mejor no ponerse en situaciones susceptibles de acoso. No vuelven a ir de excursión. Tienen dificultades para explorar y mostrarse también de adultas.
- **Esconden lo que sienten.** Son niñas adultas de las que se han mofado por sentir o no las han ayudado cuando sentían. Piensa: ¿qué es más horrible, que te tiren a la piscina a sabiendas de que no sabes nadar o que te miren mientras te ahogas sin hacer

nada? Aprendes que mostrarte no sirve de nada. Mejor dicho, es un arma para que te hagan daño o para que dejen que te lo hagan los demás. Llorar mientras te humillan y nadie te defiende solo sirve para mostrar tu vulnerabilidad en un entorno hostil. Por eso son personas adultas que tienen mucha dificultad y recelo a la hora de compartir sus emociones.

- **No piden ayuda, se silencian.** Ante la negligencia recibida por parte de su familia, de sus compañeros o del centro educativo, solo les queda encerrar sus emociones y comérselas solitas, porque nadie parece hacerse cargo de ellas. Cada vez que piden ayuda, no se sienten comprendidas, de modo que llegan a la conclusión de que el problema son ellas. Que no pedir ayuda sea la solución habla de lo que las rodea, nunca de ellas, pero eso una niña no lo sabe. De hecho, Isabel se silenció en su familia y no tuvo más narices que ocupar el rol de alguien que no da problemas. Años después, su cuerpo supo lo que tenía que hacer cuando los tenía y respondió como tal: se quedó afónica durante meses. Ese silencio guardaba una triple ventaja: «No puedo contárselo a mamá —porque estoy afónica, no porque no me vaya a escuchar (pensar eso es un abismo para ella)—. Además, como estoy malita, no iré a las excursiones a las que tanto pánico tengo por lo que pueda volver a pasar. Y mamá cuida de mis dolencias físicas, así que me sentiré atendida». Por otro lado, silenciarse no suele ser suficiente para una mamá que está mínimamente presente. Muchas niñas, tras sufrir abusos, se preguntan si su madre se ha enterado y se cabrean por su falta de respuesta.

- **Se autoboicotean,** tiñen de independencia una soledad obligada. Tienen un camión de excusas que les impide disfrutar, viajar, enrolarse en actividades nuevas y conocer a gente. Siguen boicoteando los planes que las enganchan a la vida diciendo que no les apetece, cuando lo que en realidad sienten es que no van a encajar, como les pasaba de niñas. Se autoboicotean intentando protegerse para que no vuelvan a reírse de ellas. Se impiden comprobar que aquellos abusones ya no están y que el mundo puede ser un lugar bonito.

- **Se abandonan.** «Como he pedido ayuda o la gente ha visto que la necesitaba y nadie ha hecho nada, yo también me abandono. Dejo de cuidarme y siento que no hay nada que pueda hacer por mí».

¿Qué necesitan estas niñas, cómo pueden sanar la herida del *bullying* y el maltrato?

- Sentir que nunca tuvieron un problema, que no hay nada en ellas que las hiciera merecedoras de ese rechazo.
- Mirar a la niña que fueron y descubrir su valor.

- Ajustar sus creencias.
- Identificar la falta de cuidados recibidos y comprometerse a ofrecérselos.
- Ponerse en primer lugar y dibujarse como merecedoras de cuidados.
- Ofrecerse autocuidados.
- Conocer y permanecer en relaciones que las hagan sentir valiosas, y permitirse notarlo en el cuerpo con cariño.

Cierra los ojos y piensa en una amiga o una conocida que te haya hecho sentir muy valiosa. Da igual que ya no esté o que no tengas relación con ella. Dibuja en tu mente la imagen de aquel momento que te hizo sentir valiosa. Quizá sea una mirada, un abrazo, que permaneciera a tu lado en silencio o que te cogiera de la mano para ayudarte a sostener lo que había dentro de ti. Nota en el cuerpo lo que se mueve cuando recuerdas ese momento, céntrate en las sensaciones positivas. Si viene alguna desagradable porque esa persona ha fallecido o ya no está en tu círculo, deja que habite tu cuerpo y que después se vaya, y céntrate de nuevo en las positivas. ¿Dónde la notas? ¿Qué te ofreció esa persona? ¿Qué dice de ti ese momento: «Soy valiosa», «Soy admirable, importante», «Puedo pedir ayuda»? Permítete notar estas palabras mientras acaricias la sensación. Repite este ejercicio con otro momento y otra persona tantas veces como quieras.

El cerebro es como una gran red de carreteras que se

ha ido construyendo a lo largo de la vida. Nuestra historia marcará dónde nos llevan estas autovías: a sentirnos capaces y valiosas o a creernos un trozo de mierda que no le importa a nadie. Con ejercicios como este podemos construir o reconstruir las carreteras que nos lleven a emociones, creencias y sensaciones que nunca tuvimos y siempre merecimos. Date permiso para construir una red de caminos que convierta el viaje de la vida en una aventura, no en un calvario. Déjate ser tu propio proyecto.

Tanto si este capítulo te ha movido la entraña como si no, te invito a escuchar una de las canciones que más me han emocionado y acompañado en la historia de mi vida: *Llegaremos a tiempo*, de Rosana. Espero que la disfrutes.

10

Abuso sexual: soy defectuosa

Querida amiga, si este título mueve todo tu cuerpo, quiero decirte que te abrazo, sin importar lo que se active. El abuso sexual es una experiencia profundamente traumática que implica cualquier tipo de contacto o comportamiento sexual sin que haya consentimiento o deseo por una de las partes. Estos son algunos ejemplos:

- Que tu pareja te chantajee para tener sexo es abuso sexual.
- Que tu jefe te abrace restregándose es abuso sexual.
- Tocar las zonas íntimas de un niño para sentir placer es abuso sexual.
- Que alguien se aproveche de una persona que está bajo los efectos de las drogas para tener sexo es abuso sexual.
- Insistir a alguien para tener sexo es abuso sexual.

- Consumir explotación sexual es abuso sexual.
- Los comentarios o las insinuaciones sexuales inapropiadas es abuso sexual.
- Todo lo que implique a niños, niñas y adolescentes, en los que no es posible el consentimiento porque no tienen la madurez necesaria para comprender estas situaciones, es abuso sexual.

Esto, entre otras muchas cosas.

Según la OMS, una de cada tres mujeres ha sufrido o sufre violencia física o sexual en su vida. En España, cerca del 60 por ciento de las mujeres ha sufrido alguna de estas formas de violencia. Sí, más de la mitad. Es decir, si tienes delante a una mujer, es más probable que haya sufrido este tipo de violencia que que no. Dentro de este porcentaje, en el 22 por ciento de los casos los agresores son familiares, mientras que el 50 por ciento son amigos o conocidos.

El 90 por ciento de las víctimas de violencia sexual son mujeres, y el 95 por ciento de los agresores son hombres.

En terapia he trabajado con mujeres que han sufrido abuso sexual dentro de su familia, con su pareja o fuera del núcleo familiar. La huella de esta herida es profunda, genera grandes dosis de confusión y vergüenza, y despierta el sentimiento de ser defectuosa o estar mellada.

Paloma llegó a mi consulta porque sentía mucha ansiedad y tenía pensamientos relacionados con el trabajo: lo que tenía que hacer, lo que estaba o no hecho… También presentaba muchas somatizaciones: mareos, tripa suelta… Me comentó que el peor momento era cuando se iba a dormir. Y aquí ya me dio la primera gran pista: ¿quién tiene miedo por la noche? Exacto, los niños. De esa manera pude irme haciendo una idea de lo que había debajo de lo que presentaba la paciente.

—Y cuando estás con ansiedad, ¿qué haces?

—Desear que se me pase.

—¿La compartes con tu pareja?

—A veces sí, pero no quiero ser un incordio.

Otra gran pista: en algún momento aprendió que era un incordio y tuvo que comerse sus problemas solita para no molestar. Eso era lo que se esperaba de ella.

—¿Cuándo aprendiste a callarte para no molestar?

Se mostró sorprendida, buscó entre sus recuerdos y asintió.

—Cierra los ojos y vete atrás en el tiempo, sin buscar nada concreto, y dime cuándo lo aprendiste.

—Tengo tres años. Mi hermana pequeña acaba de nacer. Yo tengo miedo y no puedo quedarme dormida, pero no puedo llamar a mis padres para no molestar.

Paloma me contó que ella era pequeñita, pero tuvo que mostrarse como la mayor. Su alta sensibilidad le permitía sentir a mamá desbordada con la llegada de un segundo bebé y llevó la autoexigencia por bandera para tapar el miedo y ser valiosa. Esto es una gran trampa: cuando una niña tiene miedo, no debe pensar que es valiosa a través de la exigencia, sino a través del cuidado. Una niña que se exige hacer las cosas sola para ser querida y vista por una familia que está sobrepasada se mete en una rueda de hámster en la que todo el esfuerzo que haga nunca será suficiente, y el miedo y la incapacidad de regularlo se enquistarán en su cuerpo para siempre.

Lo que le pasaba de niña era justo lo que le estaba ocurriendo en ese momento, de adulta: aparecía el miedo por no estar haciéndolo bien en el trabajo, pero no lo compartía con su pareja para no ser un coñazo; empezaba a autoexigirse para no tener ese miedo, lo que la hacía sentir más sola, y acababa concluyendo que no era capaz de hacer bien las cosas, lo que de nuevo activaba el miedo.

Y, como en el capítulo del *bullying*, una niña que está sola es carne de cañón para todo tipo de abusos. Ojo, no se trata de culpar a esa mamá sobrepasada con dos niñas pequeñas, su mochila y sus problemas de adulta, sino de ver la soledad que experimentó esa niña y dejar que esas emociones que no pudo sentir y quedaron enquistadas en su cuerpo puedan ser vistas y sentirse cuidadas hoy. Y, con este objetivo, averiguar por qué ha llegado a ese mecanismo. No quejarse era el principal síntoma de su malestar, así que le lancé la siguiente pregunta:

—¿Cuál fue el peor momento en el que no pudiste quejarte?

—El abuso —respondió.

Sin querer generalizar te diré que, cuando el abuso se da en la familia, el abusador suele elegir a su víctima. Escoge a una niña calladita, para dentro, la que está sola y no puede defenderse. El agresor puede abusar de ella porque no hay vigilancia, porque es una persona desprotegida y porque sus responsables no pueden verlo (física o metafóricamente). Este mecanismo de la imposibilidad de la queja hizo que esa niña, un día, viviera esa situación tan horrible, y la incomodidad, la culpa, la vergüenza y el miedo sellaron su cuerpo con el silencio para el resto de su vida.

Trabajar un abuso requiere paciencia (cero prisas), mimo, comprensión, respeto, sostén y abrazo. Y, sobre todo, que respetemos los límites de la paciente, que seamos sensibles incluso a los que no verbaliza y que los cumplamos. No hay nada más terapéutico para alguien a quien le han robado sus límites que el hecho de que los respetemos. Y no hay que perder de vista los recuerdos que tienen que ver con lo que pasó antes: unos padres sobrepasados que no podían atender a su hija, la enfermedad mental de los papás que les impedía cuidar de ella, la distancia, la depresión, la falta de inteligencia emocional... Cualquier circunstancia que conlleve desatención, la deja desprotegida.

Save the Children concluyó que, en ocho de cada diez casos, el abusador es una persona conocida o del entorno familiar de la víctima. De esta manera, cuando estamos frente a una persona que ha sufrido abuso, debemos tener en cuenta muchas situaciones que en principio puede parecer que no estén relacionadas con el abuso, pero lo están.

Algunas de las situaciones que suelen darse relacionadas con el abusador son:

- **Comidas familiares.** Muchas niñas tienen que compartir mesa y eventos familiares con la persona que abusó o abusa sexualmente de ellas.
- **Conversaciones incómodas.** El abusador puede verbalizar «Estás muy guapa» y, por supuesto, este comentario les remueve las entrañas después de un abuso.
- **Miradas intimidatorias.** No sé si, en algún momento, la mirada de la persona que abusó de ellas puede llegar a ser inocua.

Algunas de las situaciones que suelen darse después en estas niñas, aunque no estén directamente relacionadas con el abusador, son las siguientes:

- **Quieren sentirse deseadas a nivel sexual versus abuso.** Con la adolescencia llega el querer gustar y ser elegida por el deseo sexual, y esto se convierte en un cóctel molotov para las víctimas de abuso sexual infantil. Lo que desean en ese instante, que las elijan sexualmente, fue lo que las expuso a la situación de abuso. Por eso pueden detectar incongruencias cuando empiezan a vestirse o maquillarse para salir con sus amigos, y llegan al máximo exponente si es un evento en el que se van a encontrar con el agresor.

O quizá suceda lo contrario, es decir, que sean adolescentes que se hipersexualizan a través de su conducta y su forma de vestir, otra estrategia que ha podido usar su sistema: eliminar toda la vergüenza y el pudor, convenciéndose de que el sexo no es tan importante ni íntimo y que lo pueden compartir con facilidad. De alguna forma, el cerebro crea este funcionamiento para restar importancia a lo que ocurrió.

- **Que aparezcan problemas durante los primeros acercamientos sexuales.** Si en el abuso les tocaron los genitales, sus memorias somáticas se activarán cuando los estimulen de forma más o menos consciente. Hacerlo solas o con una pareja sexual activará la experiencia de abuso.

Como puedes imaginar, quizá el abuso se da un día concreto, pero de alguna manera se queda a vivir en el cuerpo para siempre.

He estado dándole vueltas a si debía incluir o no el momento más duro del abuso, pues en el EMDR no hace falta contar las peores partes para trabajar en ellas. Sin embargo, he decidido explicar muchas de las experiencias que se guardan y contarlo por aquellas que aún sienten que no pueden gritarlo. Lo vergonzoso no es que aparezca en el libro, sino que se hayan producido estos hechos, es decir, que alguien haya tenido la poca vergüenza de hacer eso. Así que hagamos que la vergüenza cambie de bando, como decía Gisèle Pelicot.

Cuando Paloma me narró la peor parte del abuso, dijo:

—Me había quedado con mis tíos y sus hijas el fin de semana. Mi tío vino a nuestra habitación y, mientras nos contaba un cuento, metió la mano dentro de mis bragas y me tocó los genitales.

—Cuando recuperas este recuerdo, ¿qué notas?

—Miedo, bloqueo y sensaciones en los genitales.

Como vemos, el acceso directo está ahí: estas son, de forma literal, las sensaciones que tuvo esa niña mientras abusaban de ella. Y se quedaron ahí, intactas, porque nadie las puso en palabras ni fueron acompañadas para ser guardadas. Siguieron ahí, en la mesa hipocampal, con la misma intensidad que ese día, mezcladas, como veremos, con muchas otras cosas.

- Sentía miedo por lo novedoso de lo que estaba experimentando.
- Se quedó bloqueada porque no podía procesar ni creer lo que estaba ocurriendo.
- Percibía sensaciones en los genitales porque se los estaban tocando.

Las sensaciones en los genitales o en las partes del cuerpo que fueron invadidas se convierten en memorias somáticas. Si te tocan el costado o te acarician la planta del pie, notarás cosquillas y te reirás, aunque no quieras. Del mismo modo, si durante un abuso estimulan tus genitales, quizá notes excitación, no deseo de sentirla. Esta sensación somática queda conectada con el abuso. ¿Te imaginas lo que experimenta esta adulta cuando se masturba o durante las relaciones sexuales? Hay infancias robadas y primeros acercamientos con la sexualidad que marcan.

No es fácil hablar de que, cada vez que recuerdas el abuso, percibes en los genitales sensaciones similares a las que tienes al mantener relaciones consentidas. Estas niñas crecen pensando que están melladas, que su cuerpo funciona mal y que, de alguna manera, les gustó el abuso. Como si sentir gusto ante la sensación de que te toquen los genitales no fuera normal… En muchas ocasiones, lo confiesan con mucha vergüenza y un enorme miedo al juicio. Pero consuela darle sentido y ponerlo en palabras.

Si se te han despertado sensaciones en el cuerpo, quiero que pongas los pies en el suelo, tomes unas respiraciones profundas y te expliques que son coherentes, que están ahí, que forman parte de una memoria somática y que tu cuerpo funciona a la perfección. Además, puede que tuvieras que ignorar el asco y el rechazo que sentías hacia el abusador y que acabases creyendo que la asquerosa y sucia eras tú. Y que pienses que tus genitales siguen tocados.

Las nuevas células del cuerpo se forman en la capa más profunda de la piel y viajan hasta la superficie, y se desprenden las células muertas del exterior. Este proceso dura entre treinta y cuarenta días. Es decir, de alguna manera, en un año las células de la piel se renuevan doce veces. Por tanto, hace mucho que te desprendiste de aquellas que fueron tocadas e invadidas sin permiso. Ahora todas son nuevas. Si sientes que esto te ayuda, cierra los ojos, concéntrate en esa parte de tu cuerpo que fue vulnerada e imagínate tu epidermis fabricando células nuevas que reemplazan a las del exterior de tu piel, que van cayéndose y son sustituidas por otras. Realiza este ejercicio tantas veces como lo necesites.

Otra posible consecuencia de estos abusos es que el cerebro de la víctima aprenda a desconectar de su cuerpo y vivir el sexo desde la distancia y la desconexión. Si la experiencia del abuso se activa cuando mantienes relaciones, puede que ahora intentes ocultarlo, vuelvas a encerrarte en ti misma y te culpes por ofrecer ese cuerpo roto y defectuoso a tu pareja. Si no te apetece, no tengas sexo. Deseo es lo único que necesitas sentir para tener una relación sexual. No has de complacer a nadie.

Otra emoción que aparece a menudo en los abusos sexuales infantiles es la culpa: haber ido, haber hecho, no haber dicho, haber permitido… Nada de lo que has hecho justifica que hayan abusado de ti. La culpa apareció quizá para darte una (falsa) sensación de control con la que sentir que, si eres responsable, podrás hacer algo para evitarlo. Puede que tu cabeza la generara con ese fin, pero no fue inevitable. Ese adulto quiso aprovecharse de ti y lo hizo. Y lo hizo tan bien y a conciencia que aún sigues preguntándote si eres culpable.

El cerebro de una niña que no entiende lo que pasa cortocircuita y se inventa explicaciones que, si no las expone en voz alta, no pueden cuestionarse. Si es tu caso, pregúntate:

- ¿Qué fue lo que te mantuvo en silencio?
- ¿Te sentías apoyada por tu familia?
- ¿Tu hiperexigencia te llevó a hacerte cargo de problemas ajenos?
- ¿Tu sensibilidad ha hecho que percibas más las gestiones ajenas que las tuyas?
- ¿Qué pasó cuando tuviste miedo?

Como sabes o imaginas, el abuso no se queda en el pasado. A lo largo de toda tu vida habrá situaciones que tendrán acceso directo a ese recuerdo. Más aún si sigue ahí, tal como fue guardado, y esa adulta ni siquiera ha podido mirarlo con los recursos que ahora tiene para moldearlo, lijarlo y darle los cuidados y las explicaciones que necesitó.

En mi consulta veo a mujeres que tuvieron grandes conflictos en su adolescencia con sentirse sexis y deseadas sexualmente. Aprendieron que ser deseadas las ponía en peligro. Como si el problema fueran ellas por ser guapas, dulces, desarrollar sus atributos sexuales pronto o cumplir con los estándares de un depredador sexual... De esa manera, potenciar sus cualidades para ser deseadas por el chico que les gustaba las conectaba con el peligro. Quizá esas adolescentes metieron el recuerdo del abuso en un cajón blindado con doble llave y no supieron qué se les despertaba en esos momentos, dando lugar a incomodidad, asco o miedo.

Estas memorias somáticas pasadas también pueden activarse en las primeras conductas de autoestimulación sexual o durante los primeros encuentros sexuales. Esas mujercitas tienen muchas dificultades para mantenerse en el presente y disfrutar de los acercamientos sexuales porque su cuerpo parece llevarlas sin remedio al momento del abuso. No obstante, han podido crear en el cerebro cortafuegos que las protegen de esos recuerdos durante un tiempo, y hasta su vida adulta. Cuando tienen calma y confían en su pareja, el cerebro se siente preparado para gestionar el tema del abuso y explota para ser gestionado.

Por lo general, la vida te irá poniendo situaciones relacionadas con el abuso para que las gestiones. Porque lo peor del trauma es que busca cualquier excusa para salir. De esta manera, puedes encontrar un olor similar al de tu pareja o una voz parecida a la de tu jefe.

Al principio de su proceso, Luisa me comentaba que se quedaba agotada después de las reuniones sociales, que su cuerpo le pedía no ir. «Me siento más segura en casa». Le pregunté qué fue lo que más la perturbó de la última reunión.

—Uf, Ana es muy echada para adelante y habla de todo.

—¿Qué es lo que más te perturba de eso?

—Su mirada… Es como que te invade.

Cuando retrocedimos en el tiempo para averiguar qué le producía ese recuerdo, su cerebro se detuvo en las miradas de su abuelo durante las comidas familiares tras el abuso. Como te decía, el cerebro usa cualquier herramienta para luchar por trabajar lo que ha quedado pendiente. Es una faena, pero en el fondo lo hace para que el trauma no tenga la última palabra, para que la persona pueda sanar esa herida.

El cerebro de una niña que no entiende muy bien lo que está pasando es fácil que cortocircuite o que el miedo la silencie. Puede que la conclusión de que es culpable de lo que ha ocurrido o que piense que su familia no la creerá la hagan guardar silencio. Es muy probable que el no haber hablado cuando ocurrió y pensar que la gente no entenderá que lo cuente más tarde mantenga esa experiencia en lo más profundo de su ser durante años.

Abusos sexuales consentidos versus abuso sexual adulto

¿Qué mecanismos utilizan las personas que han sido víctimas de abusos sexuales?

- **Desconexión.** Está pasando, pero tu cerebro aprende a viajar muy lejos de ahí. Este mecanismo pudo ayudarte en el momento del abuso, incluso después, cuando tuviste que compartir tiempo en silencio con tu abusador sin que nadie supiera nada. Pero ahora te mantiene distante de la realidad.

- **Aislamiento.** Es posible que pienses: «La única forma de estar segura es quedarme sola». Este aislamiento puede provocar muchos problemas de relación con el entorno.

Si estas líneas te han movido y sientes que ha llegado el momento, busca ayuda profesional especializada en trauma. No te cuestionarán ni juzgarán; solo te acompañarán con lo que venga, te ayudarán a poner en palabras lo que no tuvo nombre y cuidarán de esa niña asustada y bloqueada que te habita, dándole lo que necesita.

Durante mi trayectoria profesional también me he encontrado muchas veces con esta pregunta: «¿Y si han abusado sexualmente de mí y no me acuerdo?». Existe un denominador común en todas las personas que se la plantean: cohabitan con un dolor inmenso que nadie ha visto y se siguen cuestionando si lo que han vivido es suficiente para sentirse de ese modo o necesitan algo más que explique su dolor. Amiga, quiero decirte que todas las situaciones de humillación o invasión que viviste ya manifiestan cómo te sientes. Además, no necesitas ninguna prueba para que tu dolor sea válido. No tienes que recordarlo todo para merecer que te escuchen. Lo que sientes es suficiente. Si abusaron sexualmente de ti y no te acuerdas, tu cerebro lo traerá cuando estés preparada. No te juzgues, no te aprietes. Cuida lo que tienes con mimo, porque ya es suficiente.

11

Cuando tu casa es un infierno: violencia de género intrafamiliar

Aunque no quiero que este capítulo parezca un análisis de derecho, deseo aclarar algunos términos y hablar sobre las consecuencias psicológicas de todas las víctimas de violencia.

La violencia de género se refiere a la que sufrimos las mujeres por el hecho de serlo. Sí, como si nuestra doble equis fuera una razón para humillarnos, maltratarnos y asesinarnos, y para que un porcentaje de la población nos tache de exageradas o aprovechadas cuando tenemos la valentía de salir de ahí. Este tipo de violencia se da en relaciones de pareja y en la familia, pero también en otros espacios: trabajo, escuela, internet… Pone nombre a muchas situaciones, como el hecho de que un hombre golpee a su mujer, el acoso sexual en cualquier contexto o la discriminación laboral por estar embarazada.

La violencia intrafamiliar, por otro lado, se da cuando la violencia se produce en el núcleo de la familia. Puede darse entre parejas, de padres o madres a hijos, entre hermanos…, y afecta a cualquier persona, sin importar su género. Algunos ejemplos podrían ser una madre que pega a su hija, un hijo que maltrata a sus padres o una violenta pelea entre hermanos.

La violencia de género dentro de una relación de pareja en la que se comparten hijos también es intrafamiliar. Es decir, por desgracia, estos términos coexisten. Además, en este caso hay otras víctimas que suelen ser las grandes olvidadas: las hijas de los padres violentos. Ver cómo pegan a tu madre, escuchar cómo la insultan y darte cuenta de que tu hogar se está convirtiendo en una pesadilla también es violencia, y deja heridas en tu cuerpo y en tu cabeza para siempre. A estas últimas quiero dedicar este capítulo, a las hijas y los hijos testigos de una situación de maltrato.

Tipos de maltrato

La violencia no solo son golpes. Hay violencias más sutiles que, como el goteo intermitente, si son continuas erosionan el autoconcepto y la salud emocional de cualquier persona. Por ejemplo:

- Que te castiguen con silencio o te ignoren.
- Que te miren el móvil o que invadan tu intimidad.
- Que te hagan sentir que no percibes bien la realidad, que estás loca.

- Que te ignoren durante días y luego hagan como si no pasara nada.
- Que critiquen cuerpos parecidos al tuyo cuando estás delante.
- Que minusvaloren tus logros.
- Que todo acabe siendo culpa tuya.
- Que vean que estás sufriendo y no te ayuden.
- Que te comparen y te ridiculicen.
- Que te miren con indiferencia o asco.
- Que te abandonen durante una depresión posparto.
- Que te insulten o te sean infieles.
- Que seas lo último que tenga en cuenta tu pareja.
- Que te agredan durante las discusiones.
- Que no haya coherencia entre lo que tu pareja dice y hace.
- Que te insista para tener sexo cuando no quieres.
- Que cuestione con desprecio y autoridad en qué gastas el dinero.
- Que no haya conversaciones sobre cómo os sentís.
- Que te diga que no te quiere y te pida que abandones «su» casa.
- Que te hagan bromas. Que te humillen.
- Que controlen tus recursos económicos o los limiten.
- Que no se muestren en contra del maltrato o no rechacen actitudes sexistas o el lenguaje discriminatorio.

- Que te miren con cara de perdonarte la vida.
- Que te amenacen para hacer cosas que no quieres.
- Que te deprecien, escupan o humillen.
- Que te griten o insulten.
- Que hablen de forma metafórica sobre alguien (que eres tú) faltándole al respeto.
- Que te pongan celosa y no te dejen vivir en paz.

En definitiva, todo lo que no es tratarte bien es tratarte mal y, si eso se produce, es maltrato.

Lorena llegó a mi consulta por las repetidas discusiones con su pareja, en las que ella perdía totalmente el control. Luego le costaba muchísimo recordarlas y se cargaba con enormes losas de culpa por estar repitiendo la historia. Las peleas con su novio la conectaban con la situación de violencia de género intrafamiliar en la que había crecido. Cuando una niña ha estado siempre rodeada de peligro, comienza a crear, comprar, imitar e inventar herramientas para su kit de supervivencia que la pongan a salvo, pero, como podrás imaginar, en la vida de Lorena no había nada que aquella niña pudiera hacer para salvarse.

Los padres que te tocan son una lotería, suerte o desgracia. Después del sorteo, no hay nada que una niña pueda hacer para zafarse de ellos. Si de adulta no lo consigue, seguirá llevando el peso de la caja de herramientas que creó de niña para mantenerse a salvo, y el peligro que ha calado en sus huesos le impedirá disfrutar del presente. Da igual todo lo bonito y bueno que haya conseguido o tenga. Ese cerebro no aprendió a disfrutar de la tranquilidad ni a saborear la compañía. Aprendió, por el contrario, a sentir peligro. Y cuando hay peligro de forma intermitente pero continua, el cerebro y el cuerpo tienen **miedo**. Miedo. Miedo. Miedo. Miedo. Miedo. Miedo. Miedo. Miedo. Miedo. Miedo… Por lo tanto, aprenden a mantenerse alerta, porque el miedo es una constante (im)predecible.

Además, si los padres no se hacen cargo de sus emociones, estas quedarán por ahí pululando y ella las hará suyas tratando de resolverlas.

¿Te imaginas lo sobrepasada que se siente esa niña y los problemas que tiene que manejar? ¿Las revoluciones a las que va su cabeza? ¿El esfuerzo que supone mantener todo eso al margen o recordar la que se lleva cuando hace sumas en clase con ese cacao mental?

La **culpa** es una emoción que también sobrevuela estas casas-infierno, una que nadie parece asumir. De este modo, son de nuevo los niños los que la asumen. Acaban diciéndose que han sido ellos, con su comportamiento infantil —jugar, cantar, que se les caiga un vaso, ir al parque o suspender una asignatura—, los que han hecho enfadar a sus padres y que por eso han acabado discutiendo. Además, existe un mensaje que absorben de esas mamás anuladas que no pueden tomar medidas porque, después de todas esas humillaciones, su autoconcepto y autoestima están por los suelos: estar con su padre es lo mejor para las dos. Los niños acabarán pensando: «Mis padres están juntos por mí».

La **vergüenza** que debería sentir su padre por lo que está haciendo también la asumen los pequeños. Acaban explicándose que es vergonzoso lo que ocurre en casa, lo que su padre hace y lo que su madre aguanta, y que estaría muy mal contarlo, traicionarlos, así que acaban callando, pensando que, si explican lo que sucede en casa, será una gran traición a los dos. Esto mantiene a los pequeños profundamente solos, diciéndose y convenciéndose de que es lo normal, que ocurre en todas las familias. Si empiezan a contarlo, quizá lo harán con una versión muy edulcorada de la situación: «En mi casa hay discusiones fuertes». No dirán nunca «Mi padre infla a hostias a mi madre, la amenaza de muerte y rompe cosas», así que, desde su versión suavizada, recibirán la respuesta de que en todas las casas se discute, lo que hará que su cerebrito opte por normalizar lo que ocurre.

Y ya tenemos los tres caballos del Apocalipsis del trauma: el miedo, la culpa y la vergüenza. Te asustan, crees que eres responsable de la situación que estás viviendo y, por lo tanto, te dejan sola. Los niños construyen, mantienen y perfeccionan estos mecanismos hasta la edad adulta.

Pero antes de entrar en esto, quiero compartir contigo la carta que escribió Lorena: representa su mundo interno después de haber trabajado una discusión violenta de sus padres.

Carta a mi niña interior. Hija adulta víctima de violencia de género intrafamiliar

Hola, Lorenita:

Sé que no entiendes nada, que hay un millón de porqués en tu cabeza. Hay miles de cosas que no entiendes: ¿por qué tu madre aguanta eso? ¿Por qué no te protege? ¿Por qué ha tenido otra hija en esta casa de mierda? ¿Por qué tu padre está loco? ¿Por qué no te dejan ser una niña como al resto? ¿Por qué no se separan? ¿Por qué no arreglan las cosas? ¿Por qué te ridiculizan y te humillan? ¿Qué puedes hacer para que tu madre se separe, para manteneros a todos a salvo?

Estas preguntas tienen todo el sentido del mundo. Es lícito que te las plantees. Cualquier persona en su sano juicio se las haría.

El problema no eres tú. Son las personas de mierda que te han tocado como padres.

Y esto no se elige, ¿sabes? No hay una especie de selección tipo «la majeta con estos padres majetes». No, te toca y punto.

No tiene nada que ver contigo. Es una mierda, pero así es.

Habrá mucha gente que no te entienda o que no te quiera entender, que no te quiera ver. Pero eso no significa que tú no te lo merezcas.

Tú te lo mereces todo. Y te vas a encargar de conseguir lo que está en tu mano. Míralas, eres una niña. No te pidas hacer cosas de Dios.

Tus ganas de salir de aquí te llevarán a sitios bonitos. Sí, ya sé lo que piensas... «Mejor que este lugar en el que estás ahora a poco».

¿Y sabes qué será más jodido todavía?

Que, cuando tengas algo bonito delante, dudarás de si lo es. Tu cerebro irá muy rápido e impedirá que te lo creas. En tu mente ya se ha instalado la idea de que el mundo está lleno de peligro y traición. Que lo menos feo solo es el intermedio del infierno.

Te costará perdonar los errores. Has aprendido que grabarlos a fuego en tu mente te mantiene a salvo y te echas la culpa por intentar reparar lo que se rompe tras otra decepción más.

Esto te impedirá vincularte con gente bonita durante un tiempo.

Sé que también tienes problemas para hacer amigas en el cole. Pero también sé que ahora eso no te preocupa lo más mínimo. Tiene cojones la cosa, ¿verdad? Hasta en esto te impiden ser niña.

Me gustaría decirte que te admiro profundamente. Pero, cuando te veo, la pena que siento no deja espacio para nada más.

No será fácil ni corto. Pero saldrás de aquí. Esto terminará.

¿Sabes eso que dice tu madre de «Es que no la soporto, macho», que tú tienes la sospecha de que algún día será del revés?

Pues llega. Lo sientes, pero no es bonito ni trae calma. Pero sí la posibilidad de defenderte.

Y de defenderte no de cualquier forma, ¿eh?

Defenderte siendo una mujer con muchos principios y educación.

Ahora ya puedo conectar con el orgullo.

¡Tía, eres increíble, y yo puedo verlo!

Esta carta me emociona cada vez que la leo. En ella vemos cómo ese cerebro ha aprendido a manejar emociones que no son suyas, que esos mecanismos siguen activos y le hacen una jugarreta en el presente. Pero también algo que me resulta esperanzador: la confusión que atraviesa la paciente en ese momento, es decir, que todo se vuelve borroso y empieza a cuestionarse si necesita todas esas herramientas que ha dibujado su cerebro.

El enfado es la emoción cohibida. Supone defenderse y poner en jaque al sistema familiar de violencia. Supone lucha, darte prioridad delante de tu madre, de tu padre y de su relación. Ser mala para mamá, que siente que no puede salir de ahí; para papá, que se ve descubierto, y para que, de nuevo, te acaben echando la culpa de la situación y te digan que los quieres separar y que todos tus esfuerzos —*coaching* emocional y contenedor emocional de mamá o papá— no sirvan de nada.

El enfado es una emoción cohibida por dos razones:

1. De forma biológica, cuando los niveles de miedo son altos, no puedes enfadarte. Por naturaleza, cuando percibes una amenaza muy grande no te pones a luchar; intentas huir. Si viene un oso que hace retumbar el suelo, enseñando los dientes y babeando mientras piensa en lo rica que estás, no te pones a luchar. Huyes o te quedas paralizada y te haces pis encima. Defenderte del oso y decirle «Oye, esto que estás haciendo es de muy mal gusto» no es una opción. Necesitas que los niveles de miedo sean manejables para que el cerebro pueda

enfadarse y defenderse. Esto explica por qué, en los campos de concentración nazis, muy pocos soldados alemanes controlaban a centenares de judíos. Los prisioneros habían perdido la capacidad de enfadarse y defenderse, estaban aterrados. Pero también explica por qué las mujeres no huyen de las relaciones de violencia de género: han perdido la capacidad de enfadarse y defenderse. El miedo lo inunda todo.

2. Aprendiste que enojarse es sinónimo de abusar. Quizá tus modelos de enfado no son asertivos. Seguro que, cuando te cabreas, lo haces como has aprendido y acabas replicando conductas reprobables que te hicieron daño, y luego te sientes culpable, como si estuvieras en una espiral de violencia de la que no puedes salir. Acabas desesperanzada, pensando que la historia se repite, y no quieres eso.

¿Cuáles son las tiritas con las que las niñas acaban protegiendo estas emociones cuando han sufrido situaciones violentas entre sus padres? Las más comunes son:

- **Mantenerse alerta.** Están siempre con los cinco sentidos puestos en lo que pueda pasar. Tratan de captar tonos de voz y miradas, intentan buscar el sentido y hacer predecibles los momentos de peligro con la esperanza de evitarlos. Pueden desarrollar o entrenar su sensibilidad para sentir la más mínima expresión de enfado en el gesto del otro y que su cerebro se ponga en guardia para que no se enfade más.

- **Hacer *coaching* emocional.** Intentan resolver los problemas ajenos porque creen que es la única forma de salvarse. Por lo general, las madres son más accesibles y, en un intento de desahogarse, pueden cargar a las niñas con responsabilidades que no les tocan.
- **Ser incapaces de perdonar los errores, romper con todo.** Han sido tantas las veces que el perdón de los padres ha supuesto ponerlas en peligro que aprenden a romper con todo a la mínima y no permiten reparación posible.
- **Aparentar.** Hacen ver que nada les duele: «No me pasa nada».

Además, pueden encerrarse, divagar para no estar, enfadarse, atacar, cuestionarse, tirar con todo, aislarse, sentir que nadie puede ayudarlas, resignarse, convertirse en su peor enemigo, atacarse...

Cuando nada sirve: disociación

La Real Academia Española define la disociación como «Separación, desunión, descomposición, disgregación, desintegración, análisis». El DSM-5 la describe como «Grupo de procesos mentales normales que se separa del resto. En esencia, algunos de los pensamientos, sentimientos o comportamientos del individuo quedan fuera de la conciencia y el control». En otras palabras, la disociación es lo que hace el cerebro cuando nada funciona, una salida de emergencia para situaciones extremas. Esta salida es compleja, porque supone desconectar el cerebro y las partes del cuerpo o partirse para no sentir dolor. Si las situaciones extremas se producen varias veces y esta salida se usa de forma continua, puede causar trastornos graves: identidad o amnesia disociativa, despersonalización o desrealización...

De alguna manera, es como cuando se te sale el hombro para que no se rompa el hueso. La primera vez, te salva, te lo colocan y listo. Pero cuando se te sale cinco veces, el hueso coge holgura y el hombro se sale aunque la situación no sea extrema, aunque no haya peligro de romperse. Vivir en funcionamiento extremo cuando el presente no implica peligro es una experiencia angustiante y muy desagradable. Vives desconectada, lo que te impide estar en el ahora, te lleva a asumir conductas sobre las que no tienes el control o te hace vivir en una amnesia o neblina de recuerdos constante.

Honestamente, entender la disociación no es fácil. Me preocupa cómo se usa el término en la calle, banalizándolo como si significara quedarte un rato embobada pensando en la nada. Eso no es disociación.

Imagínate que Lorena presencia una bronca enorme en la que su padre pega y humilla a su madre el lunes por la noche, y el martes a primera hora la sacan a la pizarra a resolver una división. El cerebro de esa niña tiene dos opciones: dejar hueco para la que se lleva, controlar el miedo y la vergüenza, y no tener ganas de volver a casa; pensar en cómo estará su madre o cómo llegará hoy su padre, intentar que los insultos dejen de retumbarle en la cabeza…, o disociarse.

Los principales síntomas de la disociación son los siguientes:

- **Compartimentalización.** Podría resumirse como partirse en trozos de identidad. Cuando uno está activo, no se moviliza el otro. La vergüenza y la culpa que rodean al trauma sostienen esta división y esta parte aislada. No se habla de lo que ocurre fuera de ahí, se queda como una isla. Uso la violencia de género intrafamiliar como ejemplo, pero en estas islas podemos encontrar violencia intrafamiliar madre-hija, entre hermanos, abusos sexuales… Cada parte contiene un yo con pensamientos, autoconcepto y emociones que van evolucionando con la persona. Por lo general, hay partes en las que reside toda la carga traumática y las emociones, y otras en las que se aparenta normalidad.

- **Distanciamiento (desrealización o despersonalización).** La persona se distancia tanto del cuerpo que es como si no lo habitara. Puede percibir la realidad como un sueño o una peli, o incluso mirarse al espejo y no reconocerse.

Genera mucha confusión en quienes la sufren por el cambio que experimentan en los diferentes estados o por la distancia con la realidad. Es crucial entender por qué hace eso el cerebro, cuándo aprendió a hacerlo y qué sentido tuvo.

Distanciamiento	Compartimentalización
• Tengo problemas para recordar lo que acabo de hacer. • No tengo claras mis sensaciones ni mis percepciones. • A veces nada me parece real. • Cuando recuerdo, es como si estuviera viendo una película. • Me veo desde fuera.	• Siento que hago cosas que no quiero, pero no puedo controlarlas. • «No era yo». • A veces oigo una voz en mi cabeza. que no se calla. • No sé por qué me siento así.

La disociación te protege del dolor ante una emergencia, pero, cada vez que se activa esta respuesta en el cerebro, crece la probabilidad de que se vuelva a activar. Es como si se quedara disponible y, en lugar de ser un mecanismo de emergencia, se convirtiera en una herramienta del día a día. Recuerda el paralelismo sobre cuando se te sale el hombro. Lo mismo pasa con la disociación que se queda activada en tu cuerpo y te impide sentir: saborear el menú del día de tu boda o disfrutar de una puesta de sol o de una conversación con tu amiga. Todo pierde el sentido, es como si estuvieras desconectada de la vida.

Si te encuentras en esta situación, quiero que sepas que es posible resetear el sistema, reeducarlo, enseñarle y permitir que se dé cuenta de que ahora estás a salvo, de que puedes cuidar de ti y, poco a poco, volver a conectarlo con el presente, con la realidad.

12

Una buena cura para tus heridas

Querida amiga, el final del libro se acerca. No espero que hayas curado nada, ni siquiera que hayas encontrado la solución. Si has podido sentir las emociones en el cuerpo, si las has comprendido y acariciado mientras las dejabas estar ahí, mi objetivo está requetecumplido.

No sé si la SOLUCIÓN (sí, con mayúsculas) es mirar, comprender y dejar estar ahí tu dolor el tiempo que necesite, pues no creo que exista, pero sin duda es el camino para aceptarte te encuentres como te encuentres, y eso sí que es salud mental. Cuidarte estés como estés.

El camino para sentirte mejor no solo depende de ti; también de las personas que tienes cerca. En las primeras etapas de la vida, tal y como hemos visto a lo largo del libro, estas personas vienen por defecto: mamá, papá, los compis del cole, los hijos de los amigos de tus padres… Y es una lotería. Te puede tocar un contexto suficientemente bueno o uno en el que, hagas lo que hagas, nunca llegues a encajar. Si es tu caso, crecerás pensando que hay muchas cosas que no están bien en ti. La buena noticia es que, a medida que vayas creciendo, podrás elegir con quién sí y con quién no, y mantener solo las relaciones que te aporten.

Si no tuviste suerte en esa lotería, la tarea de elegir no será fácil. Te costará darte cuenta de que el disfuncional es el sistema, no tú. La conclusión «Si ellos funcionan y yo no, el problema es mío» puede estar tatuada a fuego en tu piel. Y, ojo, te «protege» de la tristeza que supone atravesar el duelo de todas las cosas que no tuviste, pero te permite empezar a imaginar cómo son las relaciones que mereces y, después, saborearlas y disfrutarlas.

Botiquín de primeros auxilios

Crea y respeta tus propias rutinas

Quizá los momentos de abandono que viviste no te permitieron ni crear esto. Si es así, amiga, crea tu propia rutina, con pocas cosas y cúmplelas. No lo que te gusta o lo que te apetece, sino lo que te viene bien. Si no te han cuidado como hubieras necesitado, habrá grandes diferencias. Empieza respetando unos horarios de comida y de sueño y ya irás añadiendo cosas.

Observa lo que duele

Deja de luchar o fingir que no te duele. Seguramente si te tocaras la cara y te doliera, buscarías con curiosidad cuál es el origen: un granito, es el diente, un bultito, es la encía… e intentarías dar sentido a tu dolor para buscar una solución después.

En el caso del dolor físico la cosa está más o menos clara y la teoría se aplica a la práctica. En cambio, cuando hablamos de dolor emocional podemos sacar un montón de protocolos aprendidos que están al servicio de decirnos que no deberías estar sintiéndote así (lo que te dijeron) y anestesiar tu dolor (lo que aprendiste que tenías que hacer para no molestar o sobrepasar las capacidades de las personas que te acompañaron a crecer). De este modo, puedes criticar lo que sientes, decir que no es tan importante, enfadarte contigo misma por seguir sintiendo eso, llamarte débil, floja, inadecuada, sentir vergüenza o culpa por tus emociones… Pues bien, todos estos caminos lo único que van a hacer es que la emoción se enquiste en tus entrañas y la próxima vez que alguien roce el granito veas las estrellas mientras te sientes culpable por tener ese dolor.

La forma de empezar a cuidar la infección (la emoción) es poder observarla y aceptar que está.

Comparte lo que duele

Habla, habla y habla. Puede que ya te hayas dado por vencida y tras muchos actos de valentía compartiendo lo que sientes y posteriores decepciones hayas llegado a la conclusión que nadie puede entender lo que sientes, que nadie puede acompañarte y estás destinada a sentirte profundamente sola con esto que se mueve en tus entrañas. Y tienes razón, muchas personas no lo van a entender: porque no quieren o porque no saben. Da igual el motivo, no gastes energía dándote golpes contra una pared. Con seguridad tu castellano es claro y si tras varios intentos alguien no te entiende, el problema no es cómo te expresas o cómo te sientes, el problema está en su comprensión. Sin embargo, puedo asegurarte que en el mundo existen personas que pueden escuchar tu historia con calma, cariño, respeto y sin peros, entender cómo te sientes después de lo que has vivido e incluso pueden sentirse como tú. Existen personas con la profundidad emocional suficiente para resonar con tu historia a diferentes niveles con historias parecidas. Si te has sentido sumamente incomprendida a lo largo de toda tu vida, quizá no estén en tu contexto ahora y tengas que salir para encontrarlas, merece la pena. Ser escuchada así es reparador en sí mismo. Es darte cuenta de que no haces daño con tus emociones, que tienen un sitio y pueden ser miradas con respeto. Que mereces ser mirada con amor y que no eres mala, manipuladora ni egoísta cuando compartes tu historia. Quizá hubo personas que pudieron abusar gracias a tenerte en silencio sin ni siquiera pedírtelo. Tu mente de niña ya sabía que no podía compartir lo que ocurría y ahora este mecanismo se pone en marcha y te impide compartir tu historia, conectar realmente con las personas que te rodean y te obliga a ser solo un trozo de ti. Infieres que los demás se enfadarán contigo si lo cuentas, o lo hará una parte que habita dentro de ti. No se trata de luchar con lo que pasa dentro. Se trata de observar y mimar. Hay personas con las que puedes existir completamente, toda tú, sin trozos.

Comparte pero no tanto

No te aísles de contextos que no pueden darte lo que necesitas tal y como necesitas, pero de los que puedes disfrutar de vez en cuando. Habrá grupos o personas con los que solo pasar un buen rato, jugar a juegos de mesa o entrenar. Está bien. No te aísles.

Siente tu cuerpo y date lo que necesitas

Quizá aprendiste a desconectar de ti para cuidar a otros, o simplemente para no ser rechazada porque tus emociones molestaban. Si es así, de alguna manera has dejado de sentir tu cuerpo y tus necesidades. Esta vuelta a ti requiere que chequees cómo se siente tu cuerpo, dónde hay presión, peso... qué zona de tu cuerpo retumba cuando te asustas o te duele cuando estás triste.

Yo siento la ansiedad en el centro de mi pecho. Un masaje en la barriga donde sientes la angustia, abrazar tu pecho como si fueras un bebé, descanso, darte una ducha con tu jabón favorito (o intentar descubrir cuál es si todavía no lo tienes) y una velita…

En muchas ocasiones cuando tengo ansiedad, mi cuerpo se empieza a sentir incómodo y quiero salir de él, me gusta imaginarme que tengo un bebé en mi pecho. La cabecita encima del hombro y el culete justo debajo de mi pecho. Imagino que está nervioso y le doy palmaditas en la espalda, guio mi autodiálogo para que sienta que estoy con ella «ea, ea, ea, estoy contigo, bebé» y la doy mi atención todo el tiempo que necesite. Poco a poco conecto con la idea de que soy yo. De que si cuidaría tan bien a ese bebé puedo cuidarme igual de bien a mí.

Quizá es tu barriga la que necesita atención, o tus brazos, tu espalda, tu piel… déjate notar tu cuerpo y cuida lo que venga: un baño con un jabón que te guste, dejar tu mano posada en tu estómago, acariciarte la garganta… Cuida de ti como necesitaste. Esas sensaciones son la consecuencia de todo lo que no estuvo y están ahora para que puedas ofrecerte los cuidados que tanto deseaste.

Pasea, mueve las piernas

Desde el enfoque del EMDR se defienden los beneficios de la estimulación bilateral, caminar es una estimulación bilateral *per se*. Te sientas como te sientas, a tus emociones les viene bien dar un paseo. Camina mientras sientes vergüenza, culpa, tristeza, miedo… Si hoy es una vuelta corta a la manzana mientras miras el suelo, es suficiente. Pero sal, vive, conecta, camina.

Aléjate de contextos disfuncionales

Alejarse también es cuidarse. Tomar la decisión de dejar lugares en los que se suponía que tenías que recibir cariño, es difícil. Rendirse de intentar conseguir cariño allí donde no te lo dan es un acto de amor propio. Es decidir que no mereces ser tratada de esta manera y empezar a dibujar que en otras relaciones podrás ser mirada con cariño. Es dejar hueco a otras relaciones y fuerza para otros vínculos. Alejarte de contextos disfuncionales es cuidarse, incluso si de donde te tienes que alejar es de tu familia.

Silencia redes sociales

Si por tus redes hay alguna persona que te da pinchazo en la tripa cuando la ves, o tu cabeza se queda obsesionada mirando su perfil, silénciala. Tu cuerpo te está dando señales de lo que necesita. No hace falta que sea ahora. Pero piensa qué perfil no te hace bien ver y visualiza en tu cabeza la idea de borrar a esa persona y cómo te sentirías sin tener ese estímulo de verla como algo posible. Da igual que sea un pinchacito, que te chafe el día completo o te remueva un mes. No hace falta que tu cuerpo colapse para que te des lo que necesitas.

Pequeños grandes momentos

Este aprendizaje se lo debo a mi abuela, que era una experta un transformar un zumo de manzana con burbujas marca blanca en el vermut de las personas más afortunadas del universo. Ella dominaba el arte de hacerte sentir la persona más importante del mundo con lo que creía que son pequeñas cosas y después que no necesitaba grandes cosas para sentirme la persona más importante del mundo.

En una reunión familiar hablábamos de cuál había sido el momento más bonito del año... entonces mi prima pequeña empezó a hablar y antes de que pronunciara ni siquiera la primera palabra ya sabía cuál iba a decir: «¿Te acuerdas del día que nos estabas llevando a casa y bajábamos cantando y bailando por la cuesta?». ¡Guau! Corazón hinchado.

«No son grandes lujos»

Haz conscientes las pequeñas grandes cosas con las que cuentas, recuérdatelas y empieza a sentirlas en el cuerpo. Un baile antes de dormir, el olor a café por las mañanas, una puesta de sol, una risotada con una amiga, tu perro contento cuando llegas a casa... Ahí está el sentido de la vida.

Observa tu autodiálogo y háblate con cariño

Un día estaba sacando las cosas del lavavajillas y se me calló el tenedor al suelo. Automáticamente me dije: «Eres corta». Ufff, me impactó. ¿Cuántos insultos me había hecho a lo largo de mi vida y no les había prestado atención? ¿Cómo de inconsciente era este autodiálogo que me acompañaba de esta forma?

Nos hablamos de la misma manera que nos hablaron en nuestra infancia. Nuestro funcionamiento interno replica lo que recibió. Es momento de empezar a escucharte con atención:

- ¿Qué te dices cuando acaba el día y estás en el sofá?
- ¿Qué te dices cuando te miras al espejo?
- ¿Qué te dices cuando algo te sale mal? ¿Y cuándo algo te sale bien?
- ¿Qué te dices cuando vuelves de una reunión familiar o con amigas?
- ¿Qué te dices después de tener una cita?

Un diálogo crítico e hiperexigente nos conduce directamente a estados ansioso-depresivos y destroza nuestra autoestima. Y, ojo, aquí no se trata de acompañarse con mentiras, decirse piropos o que de repente todo sea chachi piruleta. Se trata de hablarse con compasión, cariño y respeto.

No tengas prisa

Las emociones no se llevan bien con la prisa. La prisa que sientes para que una emoción se vaya bloquea que esta emoción evolucione. Las emociones son vergonzosas y hay que animarlas a salir y acariciarlas con mimo para que realmente se muestren. Necesitamos dejarles su espacio y mirarlas con calma para que nos transmitan los mensajes y podamos cuidarlas. Además, hay que permitirles que estén con nosotras todo el tiempo que necesitan. Si la emoción fuera una herida infectada, entonces la emoción sería el pus, hay que retirarlo por completo, aunque duela, aunque lleve tiempo para que la herida cicatrice. Ni eres una pesada ni tus emociones molestan. Y si te hacen sentir de este modo, estás compartiendo tu emoción en el lugar inadecuado.

Explora y descubre cosas que te gustan

Apúntate a alguna actividad nueva, pídete otro plato en el menú, ponte una blusa que no es de tu estilo, habla con la señora de la carnicería. Conoce otras versiones de ti, explora todos tus rincones.

Cocínate rico

A veces esperamos a que venga una visita para vestirnos en condiciones, sacar el mantel o cocinarnos rico. Amiga, hazlo para ti. Tira la casa por la ventana. Mereces tu propio cuidado.

Haz cosas para estar bien. No esperes a estar bien para hacer cosas.

Agradecimientos

A Ricardo, mi pareja, que su mirada de admiración profunda ha sostenido mi inseguridad durante todo este proyecto.

A mi amiga Mercé, de la que aprendí que me acompañaría con amor y calma pasara lo que pasara.

A Paloma, mi psicóloga, gracias por poner suelo firme debajo de mis pies cuando lo necesito.

A mis amigas de Canicosa, de Madrid y de Poio por compartirme y ser parte de vuestras historias. Por leer trocitos y darme vuestro *feedback*.

A las personas a las que acompaño en consulta. Gracias por vuestra confianza y por todo lo que me enseñáis. Con seguridad, los mejores libros y formaciones se habrían quedado en páginas sin sentido sin vosotras. Gracias por hacerlo posible.

A Anabel González, gracias por tanto.

Bibliografía

Bourbeau, Lisa, *Las 5 heridas que impiden ser uno mismo*, Editorial OB STARE, 2013.

Cortés, Cristina, *Mírame, siénteme*, Desclée de Brouwer, 2017.

Ezquerro, Arturo, *Apego y desarrollo a lo largo de la vida*, Editorial Sentir, 2023.

Gibson, Lindsay C., *Hijos adultos de padres emocionalmente inmaduros*, Sirio Editorial, 2017.

González, Anabel, *Entender y evaluar el apego: De las experiencias tempranas al modelo mental*, Imaya Editorial, 2024.

González, Anabel, *Lo que no pasó*, Planeta, 2025.

González, Anabel, *No soy yo*, 2017.

Segrelles, Marta, *Querida mamá me dueles*, Bruguera, 2024.

Seijo, Natalia, *El cuerpo tiene memoria*, Montena, 2024.

Solomon, Roger y Saphiro, Francine, «EMDR y el modelo de procesamiento adaptativo de la información», 2008.

Wolynn, Mark, *Este dolor no es mío*, Gaia Ediciones, 2017.